Wiebke Rhodius
Meine wilden Kerle

Buch

In der Schwangerschaft war Wiebke Rhodius fest davon überzeugt, ein Mädchen zu bekommen. Umso überraschter war sie, als ihre Frauenärztin lächelnd verkündete: »Es wird ein Junge!« Und auch beim zweiten Versuch war schnell klar: bye-bye Kleidchen und Zöpfchen! Seitdem meistert die Autorin den Alltag mit ihren zwei Jungs heldenhaft: räumt Stöcke aus dem Kühlschrank, lässt sich dreimal täglich von einem der beiden erschießen und verhindert kleine und große Katastrophen. Ihre Geschichten zeigen, wie toll es ist, Söhne zu haben. Denn: Langweilig wird es nie!

Autorin

Jungsmama **Wiebke Rhodius**, geboren 1980, ist studierte Juristin. Nach der Geburt ihres ersten Sohnes gab sie den Anwaltsberuf auf und gründete einen Onlineshop für Papierwaren. Sie, der Jungspapa und die wilden Kerle leben in München.

Inhalt

Von Hühnern und Aliens	9
Männer machen Jungs	13
Die Liste	16
Drei, zwei, eins…	19
Über Stock und Stein	23
Tot, töter, ich	27
Die Waffentante	30
Von Bänken und Spielplätzen	33
Zwei Sorten Mama	38
Lego-was?.	40
Ein Haus auf einer Blumenwiese	44
Das große Fressen	47
Die Macht der Kleckergene	50
Der Waschklon	53
Hose, Shirt, fertig!	56
Alles neu macht der Winter	58
Schockstarre	62
Dreck und andere Schweinereien	65
Der Siegeszug des Fußballtrikots	68
Sport ist Mord?!	71
Elsa vs. Sir Fangar	74
Alle Jahre wieder	77

Die Fünf-Minuten-Krankheit	81
Helden des Alltags	86
Ring, Ring, Radau!	88
Der Ton macht die Musik	92
Kamikaze	95
Kampfhähne	99
Zwerg Nase hat's nicht leicht	102
Zuckerbrot und Peitsche	105
Pfui Spinne	110
Ein Bad für die Hausherrin	112
Eine Sandschlange kommt selten allein	115
Der Apfel	118
Ich will doch nur spielen	121
Ein Ball für alle Fälle	125
Das neue Kellerkind	127
Sarfe Sähne	131
Superhelden unter sich	133
Ich wär dann mal weg	137
Pinocchio hat kurze Beine	141
Wer hat Angst vorm Klo?	144
Gar nicht prickelnd	147
Hund, Katze, aus	149
Strandurlaub	154
Muss das wirklich sein?	158
Ein Tag als Junge	161
Gennen will gelernt sein	167
Schöne, heile Welt	170
Ist da wer?	174

Wer das Blatt nicht ehrt...	177
Was nicht pappt, wird pappend gemacht	180
Ein Rudel Chaos	182
Glow Hockey oder: wie ich zur Heldin wurde	186
Eine Uniform für Mama	189
Von Möbeln und Nerven	193
Die Sammelfieberkrankheit	196
Chaos im Kinderzimmer	200
Guck mal, wer da bastelt	203
Das Fantavieh	205
Kackakuchen und andere Köstlichkeiten	210
Alles, was rauswill	213
Ötzi trifft Christo	216
Der Nackedei	219
Check, check	222
Pinkeln leicht gemacht	225
Frisuren machen Leute	228
Das Schwiegermonster	231
Die Söhnchenmutter	234
Gute Aussichten	237

Von Hühnern und Aliens

Ich bin ein Huhn. Ein Huhn aus einer Hühnerfamilie. Denn in meiner Familie gibt es fast nur Frauen.

Ich habe eine Schwester, zwei Tanten, zwei Nichten, drei Cousinen, zwei Patentanten, eine Patentochter und eine Mama. Das war's. Abgesehen von den Männern, die eben zu dieser Konstellation dazugehören. Da ist es doch nur logisch, dass ich eine Mädchenmama werde. Habe ich jedenfalls immer geglaubt.

»Ich seh da was«, hatte meine Frauenärztin gesagt. Sonst erstmal nichts.

Na klar, siehst du was, die Kleene ist ja auch schon ziemlich groß geworden, hab ich gedacht.

»Er ist aber sehr zeigefreudig.«

Ratter, ratter, ratter.

Hatte sie gerade »Er« gesagt?

»Da, sehen Sie, jetzt bewegt er sich.« Tatsächlich. Er. Sie hatte »Er« gesagt.

»Wird das ein Junge?« Doofe Frage. »Er« wird natürlich ein Junge! Es heißt ja schließlich nicht »der Mädchen«!

»Ja. Herzlichen Glückwunsch, Sie bekommen einen kleinen Jungen!«

Ratter, ratter, ratter.

Es ist jetzt nicht so, dass ich mich nicht gefreut hätte, schließlich hatte ich ja ein gesundes Baby im Bauch. Ich hatte nur eben nicht mit einem männlichen Baby gerechnet. Das musste ich erst einmal sacken lassen. Also sagte ich nichts. Die Frauenärztin beendete ihre Untersuchung und reichte mir lächelnd den Ausdruck des Ultraschallbildes.

»Danke.«

Ratter, ratter, ratter.

War da jetzt wirklich ein Junge in meinem Bauch? Ein echter, vollständiger Junge, ich meine, einer mit kleinem Pipimann? Undenkbar. Ich studierte eingehend das Bild, konnte aber nichts Penisartiges darauf erkennen. Aber wenn die Ärztin sich so sicher war, musste ja was dran sein. Im wahrsten Sinne des Wortes.

Ein richtig männliches Wesen also. Irgendwie fühlte ich mich, als hätte ein Alien mich besiedelt, ohne mich vorher um Erlaubnis zu fragen.

Heute klingt es auch für mich echt bescheuert, aber der Gedanke, dass in meinem absolut weiblichen Frauenkörper mit absolut weiblicher Familienumgebung auf einmal ein männliches Baby mit Komplettausstattung heranwuchs, war einfach seltsam für mich.

Ein Junge in meinem Bauch. Ein männliches Baby.

Die Schockstarre hielt noch etwa zwei Tage an, erst dann sickerte die Botschaft langsam richtig zu mir durch. Ein Junge. Ich würde einen Jungen bekommen. Ich. Das Huhn aus der Hühnerfamilie.

Jungs sind doch auch süß! Ja wirklich! Man kann ihnen zwar keine Zöpfe flechten, keine süßen Kleidchen anziehen, nicht mit Puppen spielen, geschweige denn die neuesten Barbies kaufen, später nicht mit ihnen shoppen oder Kaffee trinken gehen, die rufen irgendwann auch nicht mehr zu Hause an und so weiter und so fort, aber Jungs sind doch auch echt süß!

So ungefähr arbeitete es in mir.

Bis ich mich wirklich damit arrangierte und anfing, blau gestreifte Bodys zu kaufen statt rosafarbene. Und die winzig kleinen Bodys sind auch in Blau so niedlich, dass der Farbunterschied gar nicht so sehr ins Gewicht fällt. Sicherheitshalber kaufte ich aber trotzdem einen einzigen rosa Body. Einen mit einem pinken Hasen drauf. Bloß für den Fall, dass die Ärztin sich vielleicht doch geirrt hatte.

Hatte sie nicht, mein Sohn hat den rosa Body aber trotzdem getragen. Das darf er auf keinen Fall erfahren, denn rosa geht für Jungs ja gar nicht, aber wenn ich den Body eben schon mal dahatte…

Auch an den kleinen Pipimann in meinem Bauch gewöhnte ich mich. Jeder Embryo pinkelt, dann ist der Ausgang auch schon egal. Also Entwarnung für alle Mamis, die ebenfalls mit einem Mädchen gerechnet und eine freudige Jungsnachricht bekommen haben.

Frauen sind ja flexibel. So wie ich.

Und dann, nach etwa zwei weiteren Monaten Schwangerschaft, habe ich mich richtig auf den Kleinen gefreut.

Ich werde eine coole Jungsmama! Das ist doch großartig! Keine blöde Prinzessin Lillifee und kein albernes Püppi an- und ausziehen den ganzen Tag. Yippie!

Männer machen Jungs

Ich gebe zu, ich hatte auch noch meine zweite Chance im Blick. Denn wir wollten auf jeden Fall zwei Kinder. Und so gab es ja noch einmal eine Möglichkeit, ein kleines Mädchen zu bekommen. Beim zweiten Mal klappt es sicher!

Großer Bruder und kleine Schwester, das ist doch die beste Konstellation, die es gibt. Dann hätte ich beides, einen coolen kleinen Jungen und ein süßes Mädel. Perfekt!

Wäre da nicht meine Frauenärztin gewesen.

»Da seh ich was.«

Zu dem Zeitpunkt hatte ich meinen süßen kleinen Linus ja schon seit über zwei Jahren, und um nichts in der Welt hätte ich ihn eintauschen wollen. Schon gar nicht gegen ein Mädchen.

Und ich wusste ja auch, dass es durchaus nicht ungewöhnlich ist, dass ein kleiner Schniedelträger in mir heranwächst. Trotzdem erwischte mich die Nachricht auch beim zweiten Mal eiskalt. Dieses Mal zwar ohne das Aliengefühl, aber der Gedanke, dass ich tatsächlich auch die zweite und damit höchstwahrscheinlich letzte Chance verpasst hatte, eine Tochter zu bekommen, haute mich einfach um.

Tschüss Schleifchen, Kleidchen und Zöpfchen. Auf Nimmerwiedersehen, hab ich gedacht, und mich eine ganze Weile selbst bemitleidet. Wie doof eigentlich, denn heute weiß ich: Es ist echt cool, eine Jungsmama zu sein. Jedenfalls meistens…

Für das Geschlecht des Nachwuchses ist ja bekanntermaßen der Mann verantwortlich. »Mein Mann kann nur Mädchen/Jungs«, wird etwa gesagt oder: »Soll's ein Seemann werden, muss der Mann Gummistiefel beim Sex tragen.«

Und es gibt auch das Sprichwort: »Jungs machen Jungs, Männer machen Mädchen.« Hmm, es wird zwar behauptet, dass jedem Sprichwort zumindest ein kleines Fünkchen Wahrheit anhaftet, aber: Was ist mit den Familien, die beides haben? Einen Jungen und ein kleines Mädchen? In der Reihenfolge, zuerst Junge, dann Mädchen, ließe sich der Spruch noch belegen. Dann ist der Mann eben mit fortschreitender Zeit weiter gereift, vom Jungen zum Mann geworden.

Doch in den Fällen, in denen zuerst ein Mädchen das Licht der Welt erblickt und dieses Mädchen dann irgendwann später einen kleinen Bruder bekommt, hakt es. Der Mann wird sich ja nicht rückentwickelt haben, oder? Jedenfalls in den meisten Fällen sollte das nicht anzunehmen sein.

Aus diesem Grunde sind wir, und speziell mein Mann, Anhänger der Gegenbewegung, die da behauptet: »Männer machen Jungs, Jungs machen Mädchen.«

Selbstverständlich ist mir bewusst, dass sich auch dieser Spruch nicht in allen Fällen rechtfertigen lässt. Wenn, ja, wenn nämlich zuerst ein Junge und dann ein Mädchen geboren wird. Doch das behalte ich schön für mich. Auf keinen Fall soll der Mann im Haus annehmen, ihm hafte irgendein Makel an. Und so, wie es jetzt ist, sind wir ja auch sehr zufrieden.

Vermutlich stammt der Spruch von den Männern, die einen Trost dafür suchen, dass sie keinen Stammhalter gezeugt haben, sondern ein oder mehrere Mädchen. Jungsmachen wird da nämlich als etwas Einfaches dargestellt, ein Mädchen zu zeugen dagegen als verdammt schwierig.

Mal ehrlich, das ist alles dummes Zeug. Können sich nur die männlichen Geschöpfe dieser Erde ausgedacht haben. Ist in Wirklichkeit alles Zufall, und alles gleich unanstrengend für die Männer.

Ich glaube vielmehr an einen Spruch, den mir eine Freundin mit auf den Weg gegeben hat.

Sie meinte: »Du bekommst, was du schaffen kannst.«

Bist du also tapfer und zu allen Schandtaten bereit, kriegst du einen Jungen.

Bist du eher Typ Weichspüler, gibt's ein Mädel.

Bislang dachte ich zwar, ich sei Typ Weichspüler, vorsichtig, ruhig, besonnen, gar nicht hart im Nehmen. Aber, na ja, da habe ich mich wohl verdammt falsch eingeschätzt – kann ja mal passieren.

Die Liste

Frauen machen gerne Listen. Ich liiiebe Listen. Ohne Listen, das ginge gar nicht. Ich mache Listen für den Einkauf, für Erledigungen, im Job und eben auch in allen sonstigen Fällen.

Also gab es auch Listen für die Namensfindung unserer Kinder. Und da ich ja sicher war, ein Mädchen zu bekommen, gab es eine ziemlich lange Liste mit Mädchennamen.

Und nur für den absolut unwahrscheinlichen Fall, dass doch ein Junge herauskommen sollte, gab es auch eine Liste mit Jungsnamen. Zwar nur eine kurze, aber immerhin eine Liste. Genau genommen enthielt die Jungsliste drei Namen.

Als wir dann erfuhren, dass es tatsächlich ein Junge wird, hätte ich eigentlich erleichtert sein müssen, denn die Auswahl eines Jungennamens erschien angesichts der mageren Liste weitaus einfacher als die eines Mädchennamens.

Mein Mann war erleichtert.

Ich nicht.

Eine gewisse Auswahl musste schon sein, fand ich.

Nachdem ich die ungefähr 100 Namen umfassende

Mädelsliste schweren Herzens erst einmal sicher in meinem Schreibtisch verstaut hatte – es war ja sehr wahrscheinlich, dass ich sie für späteren weiblichen Nachwuchs noch brauchen würde –, sah ich mir die Jungsnamen noch einmal genauer an. Nicht zu gebrauchen, entschied ich, nicht ausführlich genug, nichts schön Klingendes dabei.

Ich hätte mir bei den Jungsnamen mehr Mühe geben müssen. Was hatte ich mir bloß dabei gedacht?!

Tja, jetzt hatte ich den Salat.

Also nochmal das Internet befragt, und: Fehlanzeige! Es gab keine schönen Jungsnamen. Wirklich, keinen einzigen.

Dagegen Mädchennamen, uuuiii, der da zum Beispiel, Mädchenliste wieder raus und gleich dazugeschrieben.

Jetzt aber Schluss damit, es wird ein Junge, also nicht nach Mädchennamen suchen! Gedanklich haute ich mir auf die Finger und schaffte es, wirklich nur noch vier weitere Mädchennamen zu ergänzen, bevor ich die Liste ganz weit unten in der Schublade verstaute, sodass es echt Mühe machen würde, sie wieder herauszukramen.

Jungsname, Jungsname, Jungsname.

Hallo, Google, wo hast du die tollen Jungsnamen versteckt? Die eloquenten, intelligenten, cleveren und charmanten Jungs müssen doch auch irgendwie heißen?

Entweder waren die Namen zu einfallslos oder jemand anderes hieß schon so. Es war zum Haareraufen! Nichts Brauchbares! Und nach zwei Stunden Recherche erschienen mir die drei Namen auf meiner Liste auf einmal ganz großartig. Drei Namen, das ist doch eine super Auswahl!

Fand mein Mann auch. Er hat dann auch nur noch vier Wochen gebraucht, um sich für meinen Favoriten zu entscheiden.

Sonst haben wir niemandem von unserer Namenswahl erzählt. Denn es hätte bestimmt viiieeele Argumente gegen unsere Wahl gegeben. Und ich wäre durchaus beeinflussbar gewesen, hätte mein Nachbar mir mitgeteilt, dass wir unser Kind auf keinen Fall so nennen können, weil so der Sohn einer Schwester eines Bekannten heißt, der heute als Bankräuber in U-Haft sitzt.

Wir haben uns also namenstechnisch bedeckt gehalten und unseren ersten Sohn erfolgreich Linus getauft. Und den zweiten Maximilian. Obwohl wir – was Maxi angeht – nicht die Einzigen waren. Na ja, da hat unser Sohn später in der Schule wenigstens die Chance, dass nicht er gemeint ist, wenn die Lehrerin einen der 20 anwesenden Maxis aufruft, um ihn die Aufgabe an der Tafel lösen zu lassen.

Die Mädelsliste habe ich trotzdem aufgehoben. Einfach aus nostalgischen Gründen. Man weiß ja nie...

Drei, zwei, eins ...

Sisyphos ist 'n Witz gegen mich! Nein ehrlich, einen lächerlichen Felsbrocken den Berg hochschieben – pah!

Ich entferne gerade zum fünften Mal vier so gut wie leere Pizzakartons vom letzten Familienessen aus dem Zimmer meines älteren Sohnes und bringe sie zurück in die Küche. Wo mein Sohn sie zwei Minuten später wiederentdeckt. Und dann geht das von vorne los. Denn Pizzakartons machen sich einfach prima als Behausung von Lego-Männchen. Oder zum Bemalen. Na ja, jedenfalls mutiere ich so ungewollt zu einem sehr gefragten Pizzakarton-Transportunternehmen. Das ist wirklich sinnlos!

Doch meine Aufgabe besteht nicht nur darin, die Kartons unter dem Sessel herauszutauchen, ohne dabei die darin vor sich hin vegetierenden Champignon- und Käsereste auf dem Boden zu verteilen, nein, gleichzeitig brülle ich rüber ins Wohnzimmer, wo die beiden Jungs sich – so wie es sich anhört – gerade zur Strecke bringen.

Entnervt schmeiße ich die Pizzakartons auf den Küchenboden, um den Sterbenden im Wohnzimmer zu Hilfe zu eilen. Oder ihnen die Ohren langzuziehen. Je nachdem, wie ernst die Lage ist.

Und – sie ist nicht sooooo ernst.

Grund des Geschreis: Der kleine Maxi, zwei Jahre alt, hat auf dem Sofa eine Feder entdeckt. Federn aus dem Sofa rausziehen gehört zu den Lieblingsbeschäftigungen meiner Söhne. Hat was Zerstörerisches, da stehen Jungs drauf. Das nur zur Erklärung. Und dann hat Linus es gewagt, die von Maxi entdeckte Feder einfach selbst herauszuziehen. Natürlich ohne den Kleinen vorher ganz lieb um Erlaubnis zu bitten. Rums, bums, Feierabend.

»Ja und? Es ist nur eine bescheuerte kleine Feder!«, möchte ich herausschreien, stattdessen höre ich mich sagen: »Okay, Linus, bitte gib Maxi die Feder.«

Standardantwort: »Nein!«

Linus hält die Feder hinter seinen Rücken, während Maxi in noch größeres Wutgeschrei verfällt. Was hatte ich erwartet? Ich reiße mich zusammen und verdrehe nicht die Augen.

»Linus, letzte Chance!«

Herausfordernd blitzt er mich an. Auch Maxi ist verstummt. Alle warten.

Dann ich: »Okay, ich zähl bis drei.«

Erschrockenes Linus-Gesicht.

Das funktioniert immer. Aber warum es funktioniert – keine Ahnung. Was denken die Jungs wohl, was bei »drei« passiert? Geht dann die Welt unter? Oder verschwinden alle Spielsachen aus ihren Zimmern? Schwingt sich Spiderman höchstpersönlich zum Fenster rein, um die Ungerechtigkeit in unserem Wohnzimmer zu rächen?

Ehrlich gesagt – ich wüsste es selbst gern, denn ich bin nie bis drei gekommen! Meine Freundinnen auch nicht. Hab ich nachgefragt. Scheint also ein allgemein verbreitetes Phänomen zu sein.

»Eins...« Linus schiebt das Kinn vor.

»Zwei...«

»Och Mann, Mama!«, mault er.

»Und die letzte Zahl heißt...« Das war's.

Linus schmeißt mir die Feder vor die Füße und flitzt in sein Zimmer. Situation geklärt.

Jedenfalls fast. Der Kleine steht vor der Feder, rührt sich aber nicht. Schlechtes Zeichen.

»Neeeeiiin!«, brüllt er dann.

Noch schlechteres Zeichen.

»Was denn?« Wieso klinge ich verzweifelt? Du hast doch jetzt deine bescheuerte Feder, denke ich, was denn noch?

»Feder soll in Sofa. Is will Feder rausziehen!«

Betonung auf »is«, was »ich« heißt, wie die gut eingearbeitete Mama weiß.

Dieser trotzige Blick ist nur die Vorstufe eines gewaltigen Wutanfalls, falls Mama dem wirklich wahnsinnig wichtigen Wunsch des kleinen Sohnemannes nicht auf der Stelle nachkommt.

Mal ehrlich, es ist doch wirklich essenziell, dass man die begehrte Feder nicht nur zurückbekommt, sondern auch unbedingt selbst aus dem Sofa herauszieht. Klar, dafür habe ich absolutes Verständnis.

Jetzt verdrehe ich doch die Augen und – man glaubt es kaum – versuche, die bescheuerte Feder wieder in das bescheuerte Sofa zurückzustopfen.

»Drei!«, denke ich bei mir, als das endlich erledigt und Maxi damit beschäftigt ist, die Feder wieder aus dem Sofa herauszupulen. Immerhin ist jetzt Ruhe.

Ich gehe zurück in die Küche, um schnell die Pizzakartons zu verstecken, bevor mein Ältester sie wieder einer seiner Messie-Ecken zuführt. Doch ich komme zu spät. Die Kartons sind schon weg.

Okay, okay, ihr habt es geschafft! Ich ergebe mich. Aber nur für heute! Morgen gewinne ich, denke ich, und weiß jetzt schon, dass das nicht stimmt.

Willkommen im Alltag einer Jungsmama!

Über Stock und Stein

Ein Grund, warum ich Mädchen wollte, war, dass ich immer dachte, dass Jungs nichts anderes machen, als mit Stöcken irgendwo draufzuhauen.

Heute *weiß* ich, dass Jungs immer mit Stöcken irgendwo draufhauen.

Aber nicht nur das. Sie ballern damit auch irgendwas ab. Oder irgendwen.

Echt aussehende Knarren sind bei uns verboten, also müssen Stöcke dafür herhalten. Stöcke sind echte Alleskönner. Wusste ich nicht, bevor ich Söhne hatte. Stöcke eignen sich zum Ballern, Fechten, Graben, Hauen, Bauen, Stochern, Schlagen, Kochen, Wischen, Zerkleinern, Fuchteln, Drohen, Essen und Werfen. Und immer so weiter.

Ich kann mich nicht daran erinnern, als kleines Mädchen irgendwann einmal einen Stock auch nur angefasst zu haben. Ein Stock war für mich ein von einem Baum abgefallener Ast, an dem vorher mal grüne Blätter gewachsen waren. Nichts, was man einsammeln sollte, denn es ist ja tot. Und außerdem könnte ja Schmutz daran sein.

Es ist auch Schmutz dran. Meistens jedenfalls. Das

hindert Jungs aber nicht, ständig Stöcke mit sich herumzutragen und diese auch in größeren Mengen zu horten. Überall. Am liebsten im Fußraum meines Autos oder in unserer Wohnung. Könnte ich das Stock-Auffanglager gewinnbringend über eBay verticken, ich wäre eine reiche Frau. Ich arbeite bis heute daran, die immensen Stockvorräte in unserer Wohnung aufzustöbern und nach und nach an ihren neuen Standort vor unserer Wohnungstür zu verlagern.

Kleine Jungs sind wirklich sehr einfallsreich, was gute Stockverstecke angeht. Sogar in unserem Kühlschrank habe ich einmal ein ansehnliches Exemplar gefunden. Das bisschen Butter hatte der Stock gut überstanden.

Wie die Jungs sie immer wieder reinschmuggeln, keine Ahnung. Denn bevor sie die Wohnung betreten, unterziehe ich sie einer eingehenden Leibesvisitation. Außer Stöcken und Steinen gibt es nämlich echt eklige Dinge, die es irgendwie in alle Taschen schaffen. Auch gerne in die Handtasche der Jungsmama.

»Das ist Müll«, sage ich zu meinem Sohn, nachdem ich ein richtig langes Stück vergilbtes Flatterband aus seiner Hosentasche gezogen habe.

»Das ist kein Müll!«, schallt es mir entgegen. »Das ist eine Schlange. Die muss mit meinen Rittern kämpfen.«

Ich betrachte das verdreckte Band eingehend. Soll ja keiner behaupten, ich würde die Ideen meines Sohnes nicht ernst nehmen. Aber eine Schlange?

»Das ist Müll.« Ich bleibe dabei.

Bringt mir aber nichts. Mein Sohn schnappt sich das Band und flitzt davon. Ich verdrehe die Augen. Gut, sollen doch die Ritter gegen die Schlange kämpfen, vielleicht kratzt sie ja dabei ab, denke ich, und lasse ihn gewähren. Es gibt auch wirklich Schlimmeres als ein zehn Jahre altes Flatterband, das er irgendwo aus einer stinkenden Stadtpfütze am Straßenrand gezogen hat.

Von meinem geheimen Plan, das Band später zu entsorgen, wenn Sohnemann schläft, weiß er nichts. Das ist eh mein Masterplan. Die Dinge verschwinden auf wundersame Weise über Nacht. Da kann man nichts machen!

Nur finden dürfen die Jungs sie dann nicht mehr.

Vor allem der Große fragt genau nach. Zum Beispiel, wie es denn kommt, dass seine Lieblingssteine im Mülleimer liegen. Also die Steine, die er am Rand des Spielplatzes gefunden hat, dort, wo sich immer alle Kinder erleichtern, die nicht mehr einhalten können.

Mist! Hab ich wieder vergessen, meine Spuren zu verwischen.

»Keine Ahnung«, heuchle ich dann. »Muss wohl Merle gewesen sein.«

Merle ist unsere Haushaltshilfe und – bitte entschuldige, liebe Merle – auch mein Sündenbock für alles, was ich meinen Söhnen gegenüber nicht anders erklären kann.

»Hmmm«, macht mein Sohn. Ich halte den Atem an.

»Wir können sie ja abwaschen«, sagt er.

Oh nein!!!

Zehn Minuten später bin ich damit beschäftigt, die ekligen, vollgepinkelten Steine in der Badewanne von den Essensresten zu befreien, die ich rücksichtslos darauf entsorgt hatte.

Ich bin nicht sicher, ob es in Mädelshaushalten auch so zugeht, aber an ein gesteigertes Interesse an Dingen direkt aus dem Müll kann ich mich beim besten Willen nicht erinnern. Mädels haben, glaube ich, tatsächlich ein anderes Schmutzempfinden als Jungs.

Mädels sind ordentlich, ruhig, wissen sich gut selbst und vor allem leise zu beschäftigen, und: Sie hauen nicht mit Stöcken irgendwo drauf.

So sieht jedenfalls mein Bild von einem normalen Mädchen aus, und ich bin sicher, die anderen Jungsmamas denken genauso. Quatsch, rufen jetzt sicher alle Mädelsmamas. Unsere Mädchen sind genauso wild und ungestüm wie deine Jungs!

Aber ich bleibe trotzdem dabei. Noch nie, wirklich noch nie bin ich von einem Mädchen kaltblütig mit irgendwas abgeknallt worden. Sie etwa?

Tot, töter, ich

»Buff, baff, is hab dis abgesießt! Mama ist tot!« Strahlend schaut mein kleiner zweijähriger Maxi zu mir hoch.

Ich strahle zurück, wuschel ihm durch die Haare und gehe einfach weiter. Ist doch ganz normal!

Ich weiß nicht, wie viele Tode ich schon gestorben bin. Tod durch Knarre, Tod durch Drache, Tod durch Schwert, Tod durch Spaten, Tod durch Wasser, Tod durch Salami, was auch immer, hab ich alles schon erlebt. Meine Söhne sind sehr erfinderisch, was das Ausdenken von neuen Todesarten für ihre liebe Mami angeht, und ich lasse sie gewähren. Denn etwas daran ändern zu wollen ist sinnlos.

Jungs haben das einfach so drin. Nicht das Töten an sich, sondern das Schießen. Das Rumballern. Das Chefsein. Ja, ich glaube, sie machen das, weil sie gern der Chef sein wollen. Und wenn du deiner Mama gerade einmal bis zum Bauchnabel reichst, dann ist es schon hilfreich, bis unter die Zähne bewaffnet zu sein. Denn dann ist die Macht mit dir. Dann kommst du auch gegen solche gewaltigen Gegner an, wie deine eigene Mama. Vermeintlich jedenfalls.

Wie muss den Jungs bloß als kleines Baby zumute gewesen sein? Als sie noch nichts konnten, außer daliegen und gucken? Das muss echt blöd für sie gewesen sein.

Ich dagegen finde es gut, dass Babys so hilflos sind. Denn welche Mami hätte schon Lust, sich mit dem Fläschchen zu beeilen, wenn der Nachwuchs einem bei dem kleinsten Hungergefühl gleich 'ne Knarre unter die Nase hielte und mit ernstem Gesichtchen rufen würde: »Her mit der Flasche! Aber dalli! Sonst knallt's!«

Nee, das wäre nicht förderlich. Also beschweren wir uns nicht, dass Babys anfangs einfach gar nichts können. Das muss so sein. Das hat die Natur so eingerichtet.

Als Linus im Alter von Maxi war und ich in meiner ganzen Naivität noch dachte, er könnte ohne den ganzen Ballerquatsch auskommen, einfach, weil das Geballere mich nervt, habe ich ihm immer und immer wieder vorgebetet, dass es nicht lustig ist, so zu tun, als würde man jemanden erschießen.

»Wenn du die Mama abknallst, dann ist sie ja nicht mehr da.«

Pause.

Dann Linus nach einer Weile: »Warum?«

»Weil ich dann ja tot bin.«

»Warum?«

»Ja, weil man eben stirbt, wenn jemand einen abschießt.« Ist doch logisch, Mann! Nicht, dass ich langsam ungeduldig werde, aber das liegt ja nun echt auf der Hand!

Pause.

Dann Linus: »Aber du bist ja noch da.«

»Ja, weil du nur so getan hast. Das ist ja keine echte Waffe, weißt du?«

Sein Gesichtsausdruck wechselt von fragend zu drohend.

Oh, oh!

»Doch! Das ist eine echte Pistole! Guck: Päng, päng. Mama ist tot!«

Ich geb's auf. Erschießt mich ruhig.

Die Waffentante

Eine Sache beruhigt mich: Es braucht ja immerhin ein bisschen Fantasie, um sich aus den verschiedensten Gegenständen neue Todesmaschinen zu bauen.

Ich bin nämlich absoluter Gegner von echt aussehenden Spielzeugwaffen. Das wäre ja noch schöner, wenn meine Sohnemänner auf dem Spielplatz, wo es zugegebenermaßen immer viele freiwillige und unfreiwillige Opfer gibt, auch noch mit solchen Spielzeugknarren rumballern würden.

Ich habe ja so schon manchmal Alpträume von den Szenen, die sich abspielen, wenn die Jungs einen Kreis Sandburgen bauender Mädels stürmen und sie mit lautem »Aaaangriff«-Gebrüll der Reihe nach mit ihren Schaufeldegen erledigen. Die weit aufgerissenen Augen in den panisch verzogenen Gesichtern verfolgen mich noch monatelang in meinen Träumen. Die Mädels samt ihrer Mütter wissen ja nicht, dass das »Aaaangriff«-Gegröle aus dem neuesten Tiptoi-Piratenbuch stammt. Ja, in den Jungsbüchern geht es heiß her, vielleicht täte es den Mädels auch mal ganz gut, da reinzuschauen? Dann wären sie besser vorbereitet auf eventuelle Übergriffe.

Na ja, vielleicht ist das auch zu viel verlangt.

Ich glaube, wenn ich keine Ahnung von dem ganzen Jungskram hätte, dann fände ich es auch unmöglich, von fremden Jungs symbolisch abgeballert zu werden. Aber hey, man wächst mit seinen Aufgaben. Und angeblich ist dieses Kriegspielen und so weiter wichtig für die Entwicklung der Jungs. Damit sie später nicht zu Mördern werden. Heißt es.

Aber das glaube ich nicht. Die wollen mir doch nicht ernsthaft weismachen, dass alle Kinder, die keine Knarren zum Spielen hatten, zu Verbrechern werden? Und die vielen Mörder, hatte etwa keiner von denen echt aussehende Spielzeugwaffen? Hä? Das kann nicht sein.

Mein Mann nennt mich eine Pazifistin, weil ich gegen echt aussehendes Kriegs- und Kampfspielzeug aller Art bin.

»Ich hab das als Kind auch gemacht«, sagt er.

Ja toll, du bist auch vor 100 Jahren auf dem Land aufgewachsen und nicht in Teufels Küche. Und du bist auch nicht derjenige, der sich dann auf den Spielplätzen was anhören darf, sondern ich.

Und außerdem hätte ich Mitleid mit den vielen arbeitslosen Stöcken, wenn echt aussehende Spielzeugknarren ihre Aufgabe übernehmen würden. Völlig umsonst würden sie vom Baum herabfallen, um dann ohne weitere Verwendung einfach an Ort und Stelle zu verrotten. Nein, das können wir den Stöcken nicht antun. Sollen sie doch weiter die Fantasie kleiner Jungs anregen, ihnen Freude bereiten und ihre Mütter auf Trab halten. Nein, wir brauchen kein Kriegsspielzeug.

Ich weiß aber, dass eine Tante meines Mannes eine ähnliche Einstellung dazu hat wie er, und dass mein Ältester dort immer heimlich Spielzeugwaffen aller Art benutzen darf. Wenn ich nicht mit dort bin natürlich. Obwohl ich es verboten habe. Und das bleibt nicht ohne Folgen. Neulich wurde mein Sohn gefragt, ob es denn schön sei bei der Tante.

Und was hat er gesagt?

»Ja, weil da gibt's Waffen!«

Da habt ihr's!

Von Bänken und Spielplätzen

Bevor ich Kinder hatte, wusste ich nicht, dass Spielplätze existieren.

Nun weiß ich, sie sind überall.

Gar nicht mal versteckt, sondern offensichtlich inmitten von öffentlichen Parks, hinter Kirchen oder in den Innenhöfen meiner Freunde.

Wie ich so blind sein konnte, keine Ahnung. Ich habe mich einfach nicht dafür interessiert. Und ehrlich gesagt, ich mag sie immer noch nicht besonders. Dafür weiß ich aber heute sehr genau, wo sie sich befinden. Ich kenne jeden einzelnen Spielplatz im Umkreis von drei Kilometern in- und auswendig. Gefühlt habe ich dadurch 15 Wohnsitze dazu gewonnen. Denn mit Kindern in der Stadt und ohne eigenen Garten verbringt man doppelt so viel Zeit auf Spielplätzen als in den eigenen vier Wänden. Und mit Jungs dreimal so viel.

Haben Sie mal versucht, länger als eine Stunde mit zwei Jungs im redefähigen Alter irgendwo drinnen zu sein? Nein? Sollten Sie auch nicht. Ich rate dringend von längeren Aufenthalten in geschlossenen Räumen ab.

Auch wenn es sich um eine Eisdiele handelt, was alle Kinder ganz großartig finden, sollte das Unterfangen nicht mehr Zeit als zehn Minuten in Anspruch nehmen.

So kommt es, dass Jungsmamas ein riesiges Spaghettieis plus einen heißen Cappuccino in zwei Minuten erledigen können. Solche Fähigkeiten sind überlebensnotwendig als Jungsmama. Es sei denn, Sie sind scharf darauf, die jeweilige Location aus ihrem Repertoire auszusortieren, weil Sie Hausverbot wegen des erzeugten Getöses bekommen haben. Und Sie sollten ein großes Repertoire an Innen-Locations haben, denn es kann ja auch mal regnen.

Wir befinden uns also auf einem Spielplatz. Es ist ein schöner Spielplatz, zwar mitten in der Stadt, aber in einem Park gelegen, umrahmt von großen Bäumen mit zwitschernden Vögelchen. Fast schon eine Spielplatzidylle.

Alle Mädelsmamas, die jetzt eifrig mit dem Kopf nicken, haben ja keine Ahnung. Denn in Wirklichkeit ist das kein Spielplatz, sondern eine Arena. Ein Kinderkampfplatz.

Ich als Jungsmama weiß das, doch was soll ich machen? Wo soll ich hin mit meinen beiden Rabauken? So kommt es also, dass ich mich täglich wenigstens an einem der besagten Schauplätze sehen lasse. Sehen lassen muss.

In der Stadt haben viele Familien keinen Garten, die Jungs müssen raus. Punktum. Was Jungsmamas wollen, ist größtmögliche Harmonie, und die finden sie, man glaubt es kaum, auf dem Kinderkampfplatz in der Stadt. Genau hier.

Leider ist es so, dass nicht nur Jungsmamas glauben, hierherkommen zu müssen, sondern auch Mädelsmamas. Ja, ich bin sicher, würden nur die Eltern von Jungs ihre wilden Kerle hierher ausführen, dann wäre das Leben viel einfacher. Denn Mamas von Mädels ticken einfach anders. Das ist nicht böse gemeint, sondern entspringt eben ihrer Natur als Mädchenmami.

Die Mädchenmamis meinen nämlich, dass die Jungs die besagte Spielplatzidylle stören. Dabei wissen sie nicht, dass eigentlich ihre Töchter und auch sie selbst als die behütenden Eltern die Jungs beim Spielen stören. Denn es heißt ja nicht »Ruhig-irgendwo-sitzen-Platz«, sondern »Spielplatz«, oder?

Und Mädchen sitzen tatsächlich oft ruhig irgendwo im Sand und schauen. Sie schauen einfach! Beneidenswert, finde ich. Und ihre Mütter? Die schauen auch. Und sitzen dabei. Sie sitzen am Rand auf den dafür vorgesehenen Bänken.

Ich kann mich nicht erinnern, in meiner jetzt immerhin fast fünf Jahre andauernden Spielplatzkarriere jemals länger als eine halbe Minute ruhig auf einer Bank gesessen zu haben. Geschweige denn, mich dabei auch noch ausführlich unterhalten zu haben.

Jungsmamas brauchen keine Bänke. Mädelsmamas dagegen schon. Da sitzen sie nun, quatschen und genießen die Sonne, während ich wie eine aufgescheuchte

Furie von einem Kind zum anderen über den Platz hechte, um das Schlimmste zu verhindern.

Und das Schlimmste ist: Einer meiner Jungs kommt einem der anwesenden Mädchen zu nahe. Und das passiert naturgegeben ständig.

Hölle!

Natürlich ist der kleine männliche Ballinhaber schuld, wenn das Mädchen einen hysterischen Anfall erleidet, weil der Ball es am Fuß berührt hat.

Hallo? Wer Angst vor Bällen hat, bleibe doch bitte zu Hause!

Ich muss zugeben, mit meinem Erstgeborenen war ich auch nicht so entspannt, aber da wusste ich auch noch nicht, dass er irgendwann älter sein würde.

Doch er wurde älter, er wurde sogar schon vier, und damit auch zur offensichtlichen Gefahr aller jüngeren Kinder und insbesondere der körperlich absolut unterlegenen Mädchen. Dabei heißt es doch, Mädchen könnten alles so gut mit Worten regeln.

Könnten sie wahrscheinlich auch, wenn sich ihre Mütter nicht immer wie wildgewordene Bestien zwischen ihre Tochter und die älteren, gefährlichen Jungs schmeißen würden, sobald sie in Sandwurfreichweite gelangt sind.

Mein Appell an alle Mädchenmütter: Habt ein wenig Nachsicht mit uns nicht soooo seltenen Kreaturen, wir kämpfen schon im Alltag mit Situationen, die ihr euch nicht in euren wildesten Träumen ausmalen könnt. Also macht es uns bitte nicht noch schwerer durch unnötige Ermahnungen und Beschimpfungen.

Und vielleicht springt ihr auch öfter mal auf von euren bequemen Sitzplätzen, einfach nur so, um uns Jungsmamas das Gefühl zu geben, nicht ganz allein zu sein mit unserer Rastlosigkeit. Das wäre wirklich großartig!

Zwei Sorten Mama

Erst sind sie alle gleich süß, egal ob Junge oder Mädel, und auch gleich anstrengend. Später gibt es süße Mädchen und wilde Jungs. Mit entsprechendem Elternanhang.

Ich erkenne Mädchenmütter sofort. Ein Hauch von Eleganz, die den Jungsmüttern mit älter werdendem Sprössling mehr und mehr abhandenkommt. Wie soll man auch mit schicken Ballerinas auf hundekackeverseuchten Wiesen Fußball spielen? Oder mit feinem Seidenhängerchen den verlorenen Hockeyschläger aus dem Buschwerk heraustauchen?

Mädchenmamis sind meist ordentlich zurechtgemacht und geschminkt.

Ich schminke mich nicht. Nicht mehr, seit die Jungs da sind. Gut, das bisschen Mascara und der unverzichtbare Concealer, ja, aber das kann nicht mithalten mit meinem früheren Beauty-Programm. Ich habe mir immer vorgestellt, dass meine Tochter mir einmal beim Schminken zusehen würde. Weil Mädchen Schminke schätzen.

Meine Jungs interessieren sich dagegen null für Schminke. Denn sie wissen nicht, dass es in unserem

Haushalt welche gibt. Sonst wäre das Interesse sicher riesengroß, zu groß für unsere Wohnung, die Wände und den Boden. Denn Schminke ist vielseitig. Die kann einiges, dagegen sieht der gemeine Buntstift echt blass aus.

Also verstecke ich meine wenigen Schminkutensilien. Nicht, weil ich Angst hab, dass die Jungs wie kleine Transen durch die Gegend laufen, nein, sondern zum Schutz der Schminke. Und ihrer Umgebung. Und so kommt es, dass ich es zwar immerhin nach langen Jahren wieder schaffe, alleine, also ohne Zwergenbegleitung, aufs Klo zu gehen, dann aber nur zwei Minuten für mein Gesicht übrig bleiben, bevor das Bad gestürmt wird. Entsprechend ist das Ergebnis. Es ist offensichtlich, ich bin eine Jungsmama.

Auch was die Accessoires angeht, kann die Jungsmama oft nicht mithalten. Ausgefallene Ohrringe? Fehlanzeige. Viel zu gefährlich. Uhren oder Armbänder? Nee, das hält nicht lange. Nagellack? Kein Kommentar.

Schicke Taschen? Brauche ich nicht. Handy rechts in die Hosentasche, Geld links, fertig. Ist viel praktischer. Eine richtige Handtasche hindert auch wirklich sehr beim Fangenspielen.

Und so könnte ich die Liste ewig weiterführen.

Immerhin ist es so zeitsparender. Und auch günstiger. Bleibt doch viel mehr Geld für Fußbälle, Hockeyschläger, Basecaps, Tennisstunden, Fußballtrikots, Lego und, und, und…

Lego-was?

Ein weiterer Grund, warum ich Mädchen wollte, ist, dass ich mich eben mit Mädchensachen super auskenne.

Jetzt warten Barbie und Ken vergeblich auf mich, und auch um die sonstigen alten Bekannten in der pinken Abteilung bei Kaufhof und Co. muss ich einen Bogen machen.

Wenn die Kids klein sind, ist es noch egal, ob die Rassel grün oder rosa ist. Doch irgendwann, ich glaube mit dem Eintritt in den Kindergarten, kommt der Punkt, wo Mädchensachen auf einmal total uncool werden. Und zwar, weil die allwissenden Großen im Kindergarten das so festgelegt haben.

Es gab eine Phase vor Weihnachten, da haben die älteren Jungs die Kataloge von Lego mit in den Kindergarten gebracht, um für das Christkind ellenlange Listen mit den Bestellnummern der begehrtesten Stücke rauszuschreiben. Da Linus, damals drei, noch nicht schreiben konnte, hat er genau beobachtet, was bei den Größeren auf den Listen landete und was nicht.

»Mami, wir müssen im Karstadt einen Katalog einkaufen.«

Gut, kein Problem. Wenn es sonst nichts ist.

Daraufhin zog mein Sohn jeden Morgen mit seinen drei brandneuen Lego-Katalogen los. Am Nachmittag brachte er sie dann in etwas zerfledderterer Form wieder mit nach Hause.

»Schau mal, Mami, das ist cool.«

Süß, wenn ein Dreijähriger auf Star-Wars-Figuren zeigt und sagt, das sei cool. Es waren alle Seiten »total cool«, alle hässlichen, um genau zu sein, nur nicht die schönen, nämlich die mit den Bauernhöfen und Puppenhäusern drauf.

»Das ist nicht cool, das ist Mädchenkram.«

Aber diese grauen Kampfmaschinen überall. Oh. Mein. Gott. Ich kann dem einfach nichts abgewinnen. Trotzdem sitze ich stundenlang mit meinem Sohn da und schaue so begeistert wie möglich diesen ollen Katalog durch.

»Cooool.«

»Ja, stimmt, total cooool.«

»Mama, ich wünsch mir zu Weihnachten Lego Schiema.«

Was bitte? Lego – was?

Keinen blassen Schimmer, was das sein soll. Nie gehört. Da bin ich doch eher die beste Freundin von Polly Pocket, obwohl die erst nach meiner Zeit auf den Markt gekommen ist und ich sie in die Riege Verblödungsspielzeug packen würde. Ich sehe genauer hin und stelle fest, Lego Schiema heißt Lego Chima. Und die Lego-Chima-Männchen sehen aus, wie direkt aus der Hölle ins Kinderzimmer transferierte Irre. Zum Glück ist mein Sohn noch nicht alt genug, er muss erst mal lernen, mit Lego Duplo was Anständiges zu bauen. Meine Meinung.

Also sage ich ihm, dass aus Altersgründen »Razar« und »Sir Fangar« erst einmal nicht unter dem Weihnachtsbaum auftauchen werden.

Großes Geschrei.

Im Endeffekt einigen wir uns auf eine Art Spiderman. Es war nicht Spiderman, aber eben irgend so ein anderer Typ mit Superkräften. Ein Kämpfer mit 'ner Waffe, natürlich. Der hat es dann also tatsächlich unter den Weihnachtsbaum geschafft. Und wer durfte das schicke Teil wohl aufbauen?

Na ja, wir Jungsmamis wollen ja nicht meckern. Manche Mädelssachen würden uns auch auf den Keks gehen. Und Jungsspielzeug bildet ja auch, wenn man eine Frau ist. Ich kenne jetzt mindestens acht verschiedene Sorten Bagger. Vorher wusste ich nur, es gibt Bagger. Irgendwo da draußen. Die graben halt Löcher. Aber nein! Weit gefehlt. Was die alles können. Die anderen Jungsmamas werden mir recht geben.

Außerdem könnte ich ohne Einführung bei der freiwilligen Feuerwehr mitmachen. Null Fehler im schriftlichen Test, garantiert. Ich kenn sie alle, die Fachbegriffe. Vielleicht gebe ich meine Nummer an, dann kann man mich anrufen, wenn es irgendwo brennt. Oder meinen Sohn. Der ist so super ausgerüstet, dass er unter echten Feuerwehrleuten gar nicht auffallen würde. Außer durch seine Größe vielleicht.

Oder vielleicht braucht die Stadt noch 'ne gute Polizistin? Oder eine Hubschrauberpilotin? Alles kein Problem. Bin stets zur Stelle.

Vor allem der Große deckt das gesamte Repertoire an einschlägigem Jungsspielzeug ab. Von Anfang an haben ihn nette Dinge, also solche, die ich gut finde, nicht die Bohne interessiert. Er ist eben ein richtiger Jungsjunge.

Maxi dagegen steht zu meiner großen Freude voll auf Tiere. Jedenfalls noch, mit seinen zarten zwei Jahren. Er kann sogar einen Husky von einem Berner Sennenhund unterscheiden.

Linus keine Spur. Tiere existieren für ihn eben, das war's. Als mal bei einer Wanderung ein Eichhörnchen hinter ihm hergelaufen ist, ist er panisch losgerannt und hat um Hilfe gerufen: »Hilfe Mami, der Hund jagt mich!«

Oh Mann! Hab ich ihm nicht früher – genauso wie Maxi jetzt – die ganzen Tierbücher vorgelesen?

Ich könnte schwören, er wusste mal, was ein Eichhörnchen ist.

Aber wahrscheinlich haben die ganzen Ritter, Drachen und Piraten den Tierkram aus seinem Hirn herausgekämpft. Muss so gewesen sein. Vielleicht sollten diese Kreaturen mal in den aktuellen Lego-Katalog reinschauen. Das würde sicher auch sie das Fürchten lehren. Also dann, auf in den Kampf, ihr Lieben!

Ein Haus auf einer Blumenwiese

Da soll doch einmal jemand sagen, Jungs würden nicht gerne malen! Gut, er ist noch nicht soooo lang im Klub, aber seit drei Monaten ist kein Stift mehr sicher vor meinem Sohn Linus.

Langsam bekomme ich Panik, dass unser immenser Blockvorrat nicht reichen könnte, denn, hey! Warum mehr als drei Striche auf ein Blatt kritzeln? Kunstwerke brauchen eben Platz, die wollen atmen! Und mein Sohn wird ein großer Künstler, ich sehe schon die Einsen in Kunst auf sein Zeugnis regnen.

Wenn, ja, wenn er denn den richtigen Lehrer hat. Einen verständigen, einen mit Fantasie. Mit sehr viel Fantasie. Er sollte irgendwas irgendwo reininterpretieren können. Aber Kunstlehrer können das doch, oder?

Neulich komme ich in den Kindergarten, in dessen Eingang gleich die Kunstwerke zu bewundern sind, die die Sprösslinge jüngst gezaubert haben. Dort sind heute in bunt beklebten Rahmen selbstgemalte Bilder ausgestellt. Ich erkenne bunte Männchen, Sonnen und Blumen, schaue und staune weiter, und weiß genau: Das da, das ist von meinem Sohn. Das grüne Kritzel-Etwas. Könnte… könnte eine Blumenwiese sein, ja, sicher, es ist eine Blumenwiese. Mit vor Stolz geschwellter Brust schreite ich weiter, um Sohnemann einzusammeln. Wir dürfen das Bild gerne mit nach Hause nehmen, sagt die Erzieherin, toll, danke!

Stolz präsentiert Linus mir das Bild, ich lobe den selbstbeklebten Rahmen und frage fatalerweise dann nach dem gewagten Motiv.

»Das ist 'ne Bombe!«

Bumm, das hat gesessen. Weggesprengt.

Verstohlen schaue ich mich um, niemand hat zugehört. Gott sei Dank! Könnte ja jemand auf die Idee kommen, dass mit unserer Erziehung etwas nicht stimmt. Aber das kommt nicht von mir. Ganz ehrlich.

Mittlerweile ist mein Sohn dazu übergegangen, Szenen aus dem Meer zu malen. Ganz oben auf der Beliebtheitsskala sind grad Wale. Find ich auch grundsätzlich gut, das Problem ist nur, dass seine Wale aussehen wie aus dem Wasser springende Penisse. Das habe ich ihm natürlich nicht gesagt, und so bevölkern tausende Penisse die Papierberge auf seinem Schreibtisch zu Hause.

Und wenn er gerade keine Wale malt, dann malt er Pfeile. Oder Wale, die von Pfeilen abgeschossen wurden. Logisch.

Männer sind eben Minimalisten. Die brauchen nicht viel. Und auch nicht lange. Und das zeichnet sich schon in ganz jungen Jahren ab. Schwarzer Stift, ein Blatt Papier, zur Not auch einfach die Rückseite von irgendeinem anderen Kunstwerk, und los geht's. Warum den Stift wechseln? Oder mit Bedacht feine Details malen? Alles Pustekuchen. Zacki, zacki. Punkt, Punkt, Komma, Strich, und fertig ist der Pfeil. Oder der Peniswal. So macht man das.

Ich wollte doch nur ein einziges Bild zum Aufhängen; eins mit 'ner Wiese, 'nem Haus und 'ner bescheuerten Sonne drauf, Mann! Leider keine Chance.

Das große Fressen

Noch sind wir nicht so weit, dass ich zum Essen 20 halbrohe T-Bones aus dem Ofen ziehen muss, um die Jungs satt zu kriegen. Wie alle Kinder essen sie gerne alles, nur kein Gemüse, wenig Obst, keine Soße und überhaupt am liebsten nichts Gesundes. Eigentlich könnte ich es mir sehr einfach machen, pro Woche eine Packung Reis oder Nudeln, einfach pur, vielleicht noch zehn Würstchen dazu, und alle sind happy.

Aber ich mache es wie alle anderen Mamas auch, ich gebe nicht auf und versuche, gesunde Dinge in die Mägen der Jungs zu bugsieren. Dabei arbeiten Mütter mit fiesen Tricks. Pürieren der verhassten Paprika und Verstecken unter dem Honig auf dem Brot oder vorheriges Aushungern durch Eisverbot sind nur harmlose Beispiele dafür, wozu eine verzweifelte Mutter fähig ist.

Doch hier geht es um die Unterschiede zwischen Mädchen und Jungs, und der Unterschied liegt nicht – bzw. noch nicht – darin, was gegessen wird, sondern wie es gegessen wird. Bis zu einem gewissen Alter sind vor dem Teller alle Kinder gleich und essen einfach wie die Ferkel, aber spätestens, wenn dann Messer und Gabel ins Spiel kommen, trennt sich die Spreu vom Weizen.

Mädchen: genau auswählen, vorsortieren, mit dem Messer zur Gabel rüberschieben, mit der Gabel einen kleinen Happen aufpiksen, zum Mund führen, Mund ein wenig öffnen, Gabel hineinführen, Mund schließen, mit geschlossenem Mund den winzigen Happen zerkauen, schlucken, und das ganze wieder von vorne.

Junge: alles so wild verrühren, dass die Hälfte sich danach neben statt auf dem Teller befindet, von oben mit der Gabel mehrfach in die Mischung hineinhacken, dann auch mit dem Messer nochmal hineinhacken, Riesenhaufen auf die Gabel aufladen, dabei mit der anderen Hand nachhelfen, wenn's nicht passt; gucken, ob der Riesenhaufen in den weit aufgerissenen Mund reinpasst, sonst mit der flachen Hand noch nachschieben, Mund auf jeden Fall offen lassen und mit offenem Mund kauen, damit jeder den Kauvorgang genau nachvollziehen kann; bloß nicht schlucken, bevor der nächste Happen kommt, denn essen ist sehr gesellig; beschmierte Hand einmal längs von unten nach oben über Hose und T-Shirt abwischen, dann schnell den nächsten Riesenberg auf die Gabel aufladen, usw.

Es ist wirklich so! Ich hab das verglichen. Heimlich, wenn wir mal Mädchenbesuch dahatten.

Und wehe, wehe, die Mädchenmama beschwert sich über die Tischmanieren ihrer Tochter. Töchter haben Tischmanieren. Wirklich!

Ich habe alles gegeben, ich habe geredet und geredet, geschimpft, geflucht und am Ende sogar gebettelt.

Fehlanzeige. Es ist, wie es ist. Ich glaube, Jungs können wirklich nicht anders. Meine jedenfalls nicht.

Wobei, beim Kleinen sehe ich schon erste Fortschritte, kleine Pflänzchen der Hoffnung. Beim Großen, vergiss es. Ich kann nur hoffen, dass er sich bei seinem ersten Date an meine Bemühungen erinnert und der Dame des Herzens nicht mit Schwung die erste Ladung Pasta auf das Kleid katapultiert. Sorry, Süße, nicht meine Schuld!

Die Macht der Kleckergene

Vielleicht können die Jungs aber auch gar nichts dafür, dass sie so viel Dreck machen beim Essen. Vielleicht haben sie das einfach so geerbt. Und das Erbe hat die Macht, da hab ich keine Chance.

Ja, wenn ich mir meinen Mann so anschaue, oder eher den Platz meines Mannes, nachdem das Essen beendet ist, ja, dann könnte schon der Verdacht aufkommen, dass es die väterlichen Ess-Gene sind, die meine Jungs kleckermäßig verdorben haben.

Und wenn man sich dann noch die Väter der Väter und die Väter der Väter anschaut… Das ließe sich ewig weiterführen, ausschließlich in der Riege der beteiligten Männer natürlich.

In unserer Familie steht mein Sohn Linus jedenfalls ganz oben in der Klecker- und Krümelhierarchie, dicht gefolgt, nein, seeehr dicht gefolgt von seinem Papa. Dann kommt mit kleinem, aber doch erheblichem Abstand Mini-Maximilian, und dann komme mit meilenweitem Abstand ich selbst. Wobei es sich fast nicht lohnt, mich überhaupt zu erwähnen. Gegen die drei bin ich ein Nichts.

Früher war es immer mein Mann, der die Schokoflecken auf meinen Klamotten hinterlassen hat, heute schiebt er es mehr oder weniger erfolgreich auf Linus.

Mein Mann ganz vorwurfsvoll, nachdem er den riesigen Marmeladenfleck auf dem Ärmel seines frischen Hemdes entdeckt hat:

»Oh nein, Linus, schau mal, was du gemacht hast.«

Linus, gleich aufbrausend:

»Das ist unfair!«

Bei uns ist immer jede Kritik und auch jedes an den Bruder gerichtete Lob total unfair.

»Das war ich nicht!«

Mein Mann darauf:

»Wer soll das denn sonst gewesen sein?«

Linus springt auf, jetzt lauter und ganz entrüstet:

»Ich war das nicht! Das warst du selbst!«

Und jetzt komme ich, weil ich keine Lust auf diesen Lautstärkepegel habe, während ich frühstücke, und sage zu meinem Mann:

»Ähm, also ich habe gesehen, dass du, mein Lieber, deinen Ärmel gerade eindeutig selbst in dein Marmeladenbrötchen gehalten hast.«

Linus mit wütend vorgeschobenem Kopf und immer noch laut zu meinem Mann:

»Siehst du? Ich war das nicht!«

Mein Mann, jetzt ganz kleinlaut:

»Oh. Ja. Stimmt. Tut mir leid.«

Während ich mich wieder meinem Brötchen zuwende, setzt Linus sich geräuschvoll und unter zufriedenem

Rechthabergemurmel wieder hin. Und schmeißt dabei seinen Orangensaftbecher um, der sich über den ganzen Tisch inklusive der Hose meines Mannes ergießt.

Wenigstens ist in diesem Falle die Beweislage ganz klar: Schuld ist der Papa.

Der Waschklon

Wer nicht kleckert, muss auch nicht waschen. Wer Jungs hat, wäscht andauernd.

Eigentlich müsste ich Schutzkleidung tragen, wenn ich unseren Keller betrete. Damit ich nicht erschlagen werde von den Stoffmassen, die sich hier unten angesammelt haben. Denn hier steht sie. Unsere Waschmaschine. Wenn ich sie denn finden kann zwischen all den Hosen, Pullis, Schals, Jacken, Socken, Stofftieren, Mützen, Hemden, Unterhosen und T-Shirts. Ja, sogar mancher Legostein, der aus verschiedenen Gründen auf eine Desinfizierung wartet, tummelt sich hier unten.

Die Waschmaschine ist der beste Freund einer jeden Jungsmama. Und man sollte viele Freunde haben, denke ich, und überlege schon wieder, wo wir denn eine zweite Maschine aufstellen könnten.

Eigentlich würde auch eine zweite Mama nicht schaden, sozusagen ein Waschmaschinendauerbedienungsklon. Ja, das wäre wirklich fein, wenn wir Jungsmamas diese Aufgabe an unsere Klone abgeben könnten.

Können wir nicht. Und so schleppen wir täglich in riesigen Ikeataschen Tonnen verdreckter Kinderkleidung die Treppen hinunter, um die gleichen Klamotten ein paar Stunden später in nun hoffentlich sauberem Zustand wieder hinaufzuwuchten.

Es ist nämlich so, dass auch Waschmaschinen manchmal nicht weiterwissen:

»Was bitte ist das für ein Fleck da? Wo kommt der her? Diese Farbe, wirklich außergewöhnlich. Da bin ich ratlos.«

So spricht meine Maschine zu mir und schüttelt unwissend die Pulvereinfüllschublade.

Ich habe ebenfalls keinen Plan, was das für ein Zeug ist, das der Klamotte da so penetrant anhaftet. Dann bleibt der gerade gestern neu erstandene Designerpulli eben ein von Linus signiertes Einzelstück. Wer weiß? Vielleicht ist das Teil in einigen Jahren Millionen wert? Angebot und Nachfrage, kennt doch jeder. Und so einen Fleck gibt es tatsächlich nur hier bei uns.

Und es gibt noch eine gute Nachricht für die Jungsmamis. Jungskleidung ist pflegeleicht. Mädchenkleidung dagegen nicht. Da gibt es Kaschmir, Seide, Leinen, Wolle, Handgewebtes. Nur Handwäsche, sagt der Waschzettel. Frechheit, denke ich.

Und jetzt stelle man sich einen dicken, roten Ketchupfleck auf eben diesem feinen Zwirn vor. Selbst, wenn das Mädchen sonst nie kleckert, im Kindergarten gibt's auch Jungs. Die übernehmen das dann mehr als gerne für die Mädels.

Also da möchte ich nicht tauschen. Bei uns gibt's

Jeans. Aus Baumwolle. So, wie alles andere auch. Immer. Und der Fleck ist weg. Meistens jedenfalls. Danke, liebe Waschmaschine.

Hose, Shirt, fertig!

Es gibt einen klitzekleinen Bereich, in dem Jungsmamas auf jeden Fall klar im Vorteil sind. Und das ist die Klamottenfrage. Gut, natürlich ist die Auswahl beschränkt, und es dauert meist sehr lange, zwischen den mit riesigen, hässlichen Baggern und Autos bedruckten Shirts schlichte Schönheiten herauszufischen, doch sind die Errungenschaften erst einmal in den Kleiderschrank des Sprösslings eingezogen, werden sie mit Sicherheit auch ausgeführt.

Was habe ich die Mädchenmamis schon schimpfen hören über den eigensinnigen Geschmack ihrer Töchter.

»Marlene will immer nur türkise Sachen anziehen«, höre ich, oder »die hässlichen Blinkeschuhe hat Christin sich selbst ausgesucht. Sie will nichts anderes mehr tragen.«

Schlimm, wirklich schlimm.

Aber ich habe das Problem ja auch nicht. Denn, egal was ich meinen Jungs vorlege, sie tragen es. Es ist ihnen tatsächlich piepegal, was drauf ist, welche Farbe oder Form das Teil hat. Und ob es überhaupt ein Kleidungsstück ist. Ich könnte auch drei Löcher in ein Küchentuch schneiden und es als Shirt verkaufen, sie würden es tragen.

»Doch, das sieht total cool aus! Das tragen Jedi-Ritter auch«, müsste ich sagen, und fertig wäre das Outfit.

Noch nie hat einer meiner Söhne Rechte an der Klamottenauswahl angemeldet.

Das ist momentan toll, aber was ist mit später? Bin ich etwa auf ewig verpflichtet, den Jungs Klamotten auszusuchen und rauszulegen?

Neee, denke ich jetzt, die ziehen rechtzeitig aus und machen dann alles selbst. Aber woher sollen sie wissen, was cool ist und was nicht, wenn sie sich so null dafür interessieren?

Es gibt also nun zwei Möglichkeiten:

Entweder ich belasse alles so, wie es ist und bleibe der Klamottengott, oder ich lasse sie selbst wählen, damit sie ihren Stil entwickeln können, unter meiner Aufsicht natürlich.

Und schon habe ich mich entschieden für – Überraschung – Nummer eins.

Denn: Das ist der einzige Bereich, in dem ich mich in der Jungswelt so richtig austoben kann. Im Rahmen der Möglichkeiten natürlich. Und ich muss mich wirklich beherrschen, ihnen nicht doch einmal das rosa Blümchenkleid überzustreifen.

Alles neu macht der Winter

Wer kennt einen Mann, der gerne mit seiner Frau Schuhe kaufen geht? Niemand?

Ich auch nicht. Aber ich als Jungsmama weiß, warum Männer das nicht mögen. Dieses Anti-Schuhe-kaufen-Phänomen ist nämlich als Trauma in der Kindheit der betroffenen Männer verankert. Die können nichts dafür. Wirklich nicht.

Jede Mutter weiß, dass ein Kind viermal im Jahr neue Schuhe braucht, und zwar immer spätestens mit dem Wechsel der Jahreszeiten. Nun gibt es ja verschiedene Jahreszeiten, und jede hat ihre Eigenheiten. Genauso haben auch die dazu passenden Kinderschuhe ihre ganz speziellen Merkmale.

Diese Tatsache stürzt uns Jungsmamas in eine tiefe Krise. Denn die Eigenheiten der Jungsschuhe sind für uns Frauen als schuhvernarrte Kreaturen die Hölle.

Du kommst gut gelaunt im Schuhgeschäft an. Deine Jungs sind ebenfalls super drauf, sie erklimmen gleich die nur über eine Leiter erreichbare riesige, traumhafte Spielecke. Du siehst dich um, bewunderst die Farbenpracht im Mädchenregal und wendest dich dann irgendwann tatsächlich ein klitzekleines bisschen widerstrebend den Jungsschuhen zu. Denn du weißt: Was du erblicken wirst, wird dich nicht erfreuen. Im Gegenteil. Es wird dich ernüchtern. Runter holen von deinem hohen Schuhross.

Da sind sie also. Die Jungsschuhe. Männer freuen sich, denn die Auswahl ist begrenzt. Sie besteht nämlich meist gefühlt aus nur einem einzigen Modell. Jetzt, kurz vor Herbst, ist es die gemeine Stiefelette. Und diese existiert in genau drei Farben. In Schwarz, in Braun und in Dunkelblau. Nur ganz selten, also wenn der Schuhhersteller ein wirklich verrückter Zeitgenosse ist und wenn er dazu noch einen großartigen Tag hat, dann, ja, dann erweitert er die Auswahl um eine zusätzliche Farbe: die Farbe Grau.

Du wählst also die richtige Größe, heute in Blau. Du hast Glück, noch hast du die Wahl. Denn du bist früh dran, fast ist noch Sommer. Mit Kinderherbstschuhen verhält es sich nämlich wie mit Dominosteinen. Sie tauchen Ende August überraschend auf, um dann einen Monat später in den gängigen Größen schon wieder ausverkauft zu sein. Wenn du Pech hast, bleibt dann nichts anderes, als die noch übrigen braunen Schuhe auszuwählen. Heute aber ist dein Glückstag. Die blauen sind noch da. Deine Laune ist immer noch blendend.

Und jetzt kommt der Grund, warum Männer es hassen, Schuhe einzukaufen. Denn genau jetzt verderben wir Frauen ihnen den Spaß. Die Männer müssen raus aus der Spielecke.

Keine Ahnung, wie Kinderschuhverkäuferinnen das tagaus, tagein aushalten, ich könnte das jedenfalls nicht. Denn während ich mit aller Kraft Linus davon abhalte, seinen Bruder mit herumliegenden Schuhkartons zu bewerfen, weil der sich nämlich unfairerweise noch etwas länger in der Spielecke aufhalten darf, versucht die Verkäuferin, dem sich windenden Kind die Stiefeletten überzustreifen.

Gleichzeitig teilt ein kleines Mädchen seiner Mutter laut kreischend mit, dass es auf keinen Fall diese hässlichen schwarzen Stinkeschuhe tragen, sondern erst mit dem Geschrei aufhören werde, wenn ihre Mutter endlich einsehe, dass die pinken Glitzerballerinas genau die richtige Wahl für das herbstliche Regenwetter draußen sind. Mädchenmamas haben es also auch nicht viel besser, immerhin.

»Wenn du nicht aufhörst, gibt's keine Gummibärchen«, drohe ich Linus und wechsele noch schnell einen Blick mit der Verkäuferin. Ja, sie hat Gummibärchen da. Und sie weiß, warum. Von da an verläuft jedenfalls mein Schuheinkauf glimpflich. Denn Jungs sind gummibärchensüchtig. Mädchen offensichtlich nicht.

Trotzdem bin ich schweißgebadet, als wir den Laden wieder verlassen. Und taub. Und arm. Denn Kinderschuhe sind teuer. Auch hässliche. Jetzt haben wir aber immerhin eine Jahreszeit lang Ruhe.

Die schlimmste Jahreszeit aber ist – kinderschuhtechnisch gesehen – der Sommer. Denn im Sommer tragen

Kinder Sandalen. Auch die Jungs. Und das ist der blanke Horror. Deswegen versuche ich auch, so lange wie möglich zu verleugnen, dass schon seit einigen Wochen Sommer ist. Doch irgendwann kommt auch die Jungsmama nicht mehr drum herum. Die ehemals hübschen Sneakers vom Frühling erinnern langsam an alte, ausgetretene Boote und landen schnurstracks im Müll.

Um dann ersetzt zu werden durch pures Grauen. Mädchensandalen können niedlich sein. Jungssandalen sind es nie. Entweder, die Jungs sehen damit aus, als hättest du dir den nächsten Streber-Hannes herangezogen, oder als würden wir nicht in der Stadt leben, sondern in der Wildnis. Irgendwo, wo Trekking voll angesagt ist. Funktion ist alles. Das ist es, was die Sandalen ausstrahlen. Günther auf Tour.

Aber dann, irgendwann, steht der Winter vor der Tür. Winter ist großartig. Ich huldige dem Winter. Denn: Im Winter gibt's Stiefel. Die sind unisex. Weil auch die Mädchen trockenen Fußes durch den Schnee stapfen möchten.

Und wenn ich dann im Laden stehe und den hysterischen Blick einer Mädchenmama auffange, weil ihre Tochter in besagten Stiefeln aussieht wie ein Elefantenbaby mit Wassereinlagerungen, dann wechsele ich einen schnellen Blick mit der Verkäuferin. Ja, sie hat noch Gummibärchen da.

Schockstarre

Heute habe ich eine schreckliche Neuigkeit erfahren. Sicher, ich habe es schon geahnt, und jede Jungsmama spürt es irgendwie, daher ist es eigentlich keine wirkliche Neuigkeit. Aber heute habe ich es eben zum ersten Mal mit meinen eigenen Ohren gehört: Mädchenmamas bemitleiden uns Jungsmamas. Aaaaaah!

Schlimm genug, dass wir uns manchmal selbst leidtun, aber von Mädchenmamas bemitleidet zu werden, das geht gar nicht!

Und es zeigt wieder, Mädchenmamas haben einfach zu viel Zeit. Und zwar während sie auf dem Spielplatz stundenlang auf der Bank hocken.

Und noch schlimmer: Mädelsmamas reden miteinander darüber, dass Jungsmamas ihnen leidtun und warum. Wirklich, das tun sie, und zwar ohne uns etwas davon zu sagen. Ha, dafür sind sie nämlich zu feige.

Woher ich davon weiß? Ich habe an der richtigen Stelle eine Spionin. Meine Schwester. Die hat nämlich ein Mädchen. Und sie hat mir das erzählt. Als ich ihr erzählt habe, dass ich ein Buch über Jungsmamas schreibe.

Schockstarre.

Wahrscheinlich laufen solche Gespräche ungefähr so ab.

»Hast du schon gehört?«

»Nein, was denn?«

»Die arme Steffi bekommt einen Jungen.«

»Was? Oh nein! Die Ärmste!«

Kurzes Gezuppel an den Zöpfchen von Tochter Zoe.

»Ja, nicht wahr? Die kann einem schon leidtun.«

»Stimmt. Also ich wollte ja wirklich keinen Jungen haben. Diese hässlichen Klamotten. Und erst das scheußliche Spielzeug.«

»Ja, da sagst du was. Und die Lautstärke. Also neulich hatten wir den kleinen Erik zu Besuch, der kann sich ja gar nicht benehmen. Und aufgeräumt hat der auch nicht, bevor er wieder gegangen ist. Also, den laden wir nicht mehr zu uns ein.«

»Das verstehe ich. Würde ich auch nicht machen. Jungs machen ja eh alles kaputt. Zoe kann gar nichts mit denen anfangen.«

»Helene auch nicht. Die spielen auch immer nur, dass sie jemanden abknallen. Scheußlich, so was. Dass die Mütter da auch gar nichts sagen, also ich kann das wirklich nicht verstehen.«

»Ja, die Jungsmamas können einem schon leidtun.«

»Ja.«

Seufzen und einvernehmliches Nicken folgen.

So oder so ähnlich wird das laufen. Da muss ich meine Schwester nochmal genauer fragen.

Jedenfalls kann ich sagen: Wir wollen euer Mitleid nicht! Fangt doch lieber an zu stricken, oder überlegt euch, in welche Ballettschule eure Töchter als Nächstes einchecken können, aber hört damit auf, euch Gedanken über uns zu machen. Denn irgendwann, ja irgendwann kommt die Zeit, da werden wir Mitleid mit euch haben. Wenn eure süßen Sandkastenmäuse zu knapp bekleideten Zickenfurien mutiert sind und mit unseren krass coolen Jungs (die sich wahrscheinlich immer noch brav von uns die Klamotten bereitlegen lassen, aber das muss ja niemand wissen) rumhängen. Ha! Dann werden wir uns rächen und heimlich unser Mitleid mit den armen Zickenmamis besprechen. Und das werde ich dann meiner Schwester mitteilen, ganz im Vertrauen natürlich…

Dreck und andere Schweinereien

Jungs fehlen Nerven. So viel steht fest. Und zwar überall am Körper. Oder wie ist es sonst zu erklären, dass ihnen nicht auffällt, wenn ihnen nach dem Essen noch das halbe Steak im Gesicht klebt? Oder wenn sie mit der komplett sandigen Hand herzhaft in die Box mit frisch geschnittenem Obst hineingreifen?

Vielleicht ist es angenehm, sich von oben bis unten im Schlamm zu suhlen, vielleicht hält es die Fliegen ab? Ich hab echt keine Ahnung.

Alles, was dreckig ist, hat eine unglaubliche Anziehungskraft auf Jungs. Jedenfalls auf meine Jungs.

Linus zum Beispiel hatte, bis er zweieinhalb Jahre alt war, eine wahnsinnige Mülleimer-Affinität. Egal, wo er einen Eimer entdeckte, auf jeden Fall musste hineingesehen werden. Auch am Bahnhof. Oder an Bushaltestellen. Was natürlich mit einer Körpergröße von unter einem Meter nicht möglich ist, ohne sich schön am Rand oben festzuhalten. Oder gerne auch den Mund oder das Kinn dort abzustützen. Lecker! Da wirst du als Jungsmama wahnsinnig.

Genauso schlimm ist die Angewohnheit, sich immer so auf dem Bürgersteig herumzudrücken, dass die Jacken ausgiebig an der Wand entlangschleifen. Auch da, wo sich offensichtlich vorher schon mindestens ein ganzes Rudel große und kleine Köter erleichtert haben. Vor ekligen Ecken in städtischen Straßen schrecken Jungs nicht zurück. Sie sind eben furchtlos.

Immerhin umgehen sie mittlerweile die Hundekacke, die uns mindestens hundertmal am Tag auf der Straße begegnet. Aber nur, wenn ich sie zufällig entdeckt habe, bevor die Jungs sie erreicht haben. Denn dann kann ich die Haufen durch lautes Zurufen und wildes Wedeln mit den Armen deutlich ankündigen. Und so kommt es, dass ich zur Hundehaufen-Suchmaschine mutiere, wenn wir unterwegs sind.

Denn es gibt nichts Ekligeres, als Hundescheiße von Kinderschuhen abzukratzen. Es ist so, als würde jemand verkünden, dass ich doch bitte gerne eine von Würmern durchsetzte Torte essen soll, wenn ich den Stinkefuß eines meiner Söhne anhebe und wie befürchtet einen klebrigen, meist noch mit Kies durchsetzten Klumpen daran finde.

Warum um alles in der Welt können die Herrchen dieser Hunde deren Hinterlassenschaften nicht ordentlich entsorgen? Ist es der Hass auf die Menschen, die es gewagt haben, sich statt eines Köters echte Kinder zuzulegen? Oder sogar echte Jungs?

Ich werfe die vollen Windeln meiner Kinder ja auch nicht einfach offen auf den Gehweg.

Jetzt weiß ich nicht, ob Mädchen genauso oft Opfer

solcher Anschläge werden, ich wette aber, sie riechen das schon aus drei Kilometern Entfernung und machen dann einen großzügigen Bogen um den Haufen. Freiwillig. Und das ist auch gut so.

Denn wenn es doch mal geschehen ist, also wenn der zarte Mädchenschuh tatsächlich nähere Bekanntschaft mit einem Hundehaufen gemacht hat, dann hast du als Mädchenmama verloren. Auf der ganzen Linie. Deine Tochter bewegt sich keinen Millimeter weiter. Der Schuh muss weg. Und zwar sofort. Hier, mitten auf der Straße. Den muss Mami tragen. Und das Mädchen natürlich auch, denn nur auf Socken kann es ja unmöglich nach Hause laufen. Tja, würde Emma sich nur etwas mehr für Mülleimer interessieren. Wen schert schon Hundekacke unter den Schuhen, wenn es überall so interessante Dinge zu entdecken gibt?

Der Siegeszug des Fußballtrikots

Ich werde keine Fußballmama. Das habe ich mir geschworen, und bis jetzt hat es auch ganz gut geklappt. Denn noch bin ich keine. Ich mag Fußball einfach nicht! Ich mag auch keine fußballguckenden Männer. Okay, WM und EM sind 'ne Ausnahme, aber jedes niedere Fußballspiel ist mir zutiefst zuwider. Ich hasse Fußballtrikots, Fußballschals, Fußballschuhe, Fußballfahnen, Fußballgegröle und Fußballgerede. Mich interessieren auch die Waden der Spieler nicht die Bohne, und ich bin heilfroh, dass mein Mann kein Fußballer ist.

Doch irgendwann an Weihnachten war es dann so weit. Nicht, dass ich es hätte umgehen können, wären wir nicht aus dem Rheinland in eine gewisse Stadt im Süden von Deutschland umgezogen, doch der Verdacht liegt nahe, dass der hier ansässige Fußballwahn eine nicht geringe Mitschuld an meiner Misere trägt.

»Was ist schon dabei?«, habe ich mir im Kindergarten sagen lassen. »Die Jungs müssen das doch ausleben!«

Müssen sie nicht, denke ich, sage es aber nicht laut, denn sonst würde die ganze Kindergartenfußballmamameute über mich herfallen. Denn hier in dieser schönen Stadt kommen sogar manche Mädchen nicht darum herum: das wunderbare, unverzichtbare, aus herrlichem Stoff gewebte und traumhaft anzusehende, mitnichten billig wirkende Fußballtrikot.

Hm, hm. Konsequenz, ade.

Dieses tolle Teil hat es also im letzten Jahr unter unseren Weihnachtsbaum geschafft, gemeinsam mit dem spidermanartigen Lego-Vieh. Mein Sohn ist fast ausgeflippt vor Freude und hat es gleich übergezogen über sein schickes, von mir sorgsam ausgesuchtes Weihnachtsoutfit. Und 14 Tage lang gar nicht mehr ausgezogen.

Da war das Christkind aber seeeehr generös, es ist über seinen riesenhaften Fußballschatten gesprungen. Was sollte es auch tun, wenn gerade WM ist und alle, wirklich alle anderen Kinder im Kindergarten, beim Sport und auch sonst überall dieses eine Trikot tragen?

Aber ich bin wieder schlauer geworden. Denn es gibt tatsächlich riesige Läden voll mit Fußballtrikots in tausend verschiedenen Farben. Wusste ich vorher nicht. Fans kaufen die Dinger in Massen, obwohl sie die Anmut billiger Karnevalskostüme haben. Und teuer sind die! Mensch, da hätte ich mir auch die neueste Designerjeans leisten können! Aber weil Linus es sich ja soooo gewünscht hat…

Dabei hat er überhaupt keine Ahnung von Fußball. Er kennt keinen einzigen Spieler, keine Regel, und weiß auch nichts über die WM-Ergebnisse. Er weiß nur: Wir grillen, wenn Fußball läuft. Dann gibt's Würstchen.

Und dass er sonst nichts darüber weiß, darauf bin ich wirklich stolz.

Auf die Rückseite des Trikots habe ich Linus' Namen drucken lassen. Ha! Da bin ich standhaft geblieben. Kein zweitausenddreiunddreißigster Neuer oder Lahm. Eben ein neuer, nicht so lahmer Name. Es lebe die Individualität!

Sport ist Mord?!

Jungs brauchen Sport. Sie brauchen ein richtiges Hobby, um als Teenager nicht zu computerabhängigen Zombies zu mutieren. Also tue ich alles, um die Nachmittage bis oben hin mit tollen Aktivitäten vollzustopfen.

Das heißt, ich buche jeden Sportkurs, der mir in die Finger kommt. Unser Repertoire reicht von Hockey über Tennis bis Judo. Klar, ich weiß, dass die Jungs noch klein sind, trotzdem ist Bewegung wichtig. Gerade für Jungs ohne Garten.

In den einzelnen Sportarten sind wir mehr oder weniger erfolgreich.

Hockey beispielsweise war weniger erfolgreich. Dafür habe ich aber neue Eigenschaften an mir selbst entdeckt.

Ich bin tatsächlich ehrgeizig, was die sportliche Karriere meiner Jungs angeht. Vielleicht muss ich erwähnen, dass ich selbst eine totale Niete im Schulsport war und immer gerne einen riesen Bogen um die verhassten Bundesjugendspiele gemacht habe.

Trotzdem, Sport ist wichtig für die Jungs, und ich möchte, dass sie gerne Sport machen.

Linus fand Hockey nicht so wichtig. Und so kam es,

dass ich als eine der am Spielfeldrand engagiert mitfiebernden Mamis beobachten musste, wie mein kleiner Sprössling mitten in der Aufwärmrunde stehen blieb und sich bückte. Mit der Folge, dass er mit einigem Abstand als Allerletzter wieder beim Trainer eintraf. Er hatte nämlich unterwegs etwas entdeckt. Etwas Essenzielles, Oberwichtiges, nicht auf später Verlegbares. Etwas, das natürlich dringend sofort aufgesammelt werden musste, Hockeytraining hin oder her. Und zwar: ein paar unglaublich seltene, wertvolle, überaus kostbare Kastanien.

Auch ansonsten war Hockey nicht sein Ding. Linus ist lieber im Tor rumgeklettert oder hat seinen Schläger durch die Luft gewirbelt, um zu testen, ob alle anderen sich rechtzeitig in Sicherheit bringen können. Konnten sie nicht. Wir haben nie wieder Hockey gespielt.

Besser klappt Schwimmen. Jungs sind richtige Wasserratten. Keine Ahnung, von wem sie das haben, von ihren Mamis wahrscheinlich nicht.

Seit Linus sich intensiv auf das Seepferdchen vorbereitet, wird auch die kleinste Pfütze zum Freibad. Auch die Badewanne. Da wird dann getaucht und gerudert was das Zeug hält. Oh, der kleine Bruder ist im Weg? Egal. Wird einfach weggerudert.

Auch Maxi ist auf dem Seepferdchen-Trip und rudert in der Wanne fleißig mit. Und so schauen wir während des Badens hinab auf unsere beiden wild rudernden Jungs, manchmal sogar mit Kopf unter. Ja, Schwimmen kann was.

Judo finden die Jungs auch witzig. Aber eigentlich nur wegen der dort herrschenden chaotischen Verhältnisse. 30 Kinder unter sechs und ein Trainer. Plus die ehrgeizigen Eltern am Rand, die fleißig ihre Anweisungen über die Matte brüllen. Der Traum aller Mütter.

Und wenn sich dann noch alle 30 weiß gewandeten Kinder für die vorgemachte Wurfübung auf der Matte hin- und herwälzen, wird endlich alles eins. Eine einzige weiße, wogende Fläche. Bis irgendwer heult, weil er mit dem Gürtel des Gegners fast stranguliert worden wäre, und der Lehrer die nächste Übung ansagt. Immerhin ist es warm in der Halle. Und trocken. Besser als Spielplatz. Wir bleiben.

Elsa vs. Sir Fangar

»Mama, kann Elsa wirklich alles in Eis verwandeln?«

Linus sieht zu mir auf. Er erwartet, dass ich das weiß. Aber ich habe keinen blassen Schimmer. Wer zum Teufel ist Elsa? Kenn ich nicht.

»Wer ist Elsa?«, frage ich also.

»Die Eiskönigin.«

Klar. Logisch. Sonst könnte sie ja auch nicht alles in Eis verwandeln.

»Ach so, ja klar!« Ich tue so, als hätte ich das natürlich gewusst.

»Und?«, fragt Linus. »Kann sie alles in Eis verwandeln?«

»Wer hat das gesagt?« Bevor ich antworte, muss ich erst einmal die Gegebenheiten ausloten.

»Jenny.«

»Soso, Jenny hat das also gesagt«, wiederhole ich.

Jenny ist ein Mädchen aus dem Kindergarten. Ich reime mir zusammen, dass Elsa irgend so eine Püppi ist, die anscheinend Zauberkräfte besitzt.

»Vielleicht kann sie das.« Besser, ich halte mich erst einmal bedeckt mit meinem Unwissen. »Wenn Jenny das sagt…«

»Aber dann verwandelt sie mich in Eis!« Entsetzt schaut Linus mich an.

»Nein, das kann Elsa nicht«, stelle ich richtig, ohne fundierte Beweise dafür zu haben, dass sie es nicht kann.

»Doch! Das kann sie! Sie kann alles in Eis verwandeln! Auch mich! Das hat Jenny gesagt!«

Linus hat den Mangel an Beweisen bemerkt und wird sauer. Außerdem hat er Angst vor der ollen Elsa. Und das nervt mich!

Ich bücke mich zu Linus runter, nehme seine Hände und sage mit festem Blick: »Aalso: Elsa ist nur 'ne olle Püppi und kann gar nichts. Noch nicht mal sprechen kann die. Und wenn Jenny noch einmal zu dir sagt, Elsa könne dich in Eis verwandeln, dann sag ihr einen schönen Gruß von deiner Mama, die olle Elsa ist ein Witz.«

Am nächsten Tag, als Linus aus dem Kindergarten kommt, soll er mir von Jennys Mama ausrichten, Elsa sei kein Witz, sondern ganz toll und könne sehr wohl alles in Eis verwandeln.

Ich lasse das erstmal so stehen. Ohne Beweise habe ich keine Chance gegen die olle Elsa und die Überzeugungskraft der Mädchen.

Meine Jungs sind auch einfach zu leichtgläubig. Ich könnte mir die wildesten Geschichten ausdenken, zum Beispiel, dass wir in Wirklichkeit heimliche Außerirdische sind und morgen mit einem riesigen gelben Raumschiff zurückkehren auf unseren Heimatplaneten Schokoladia. Das fänden die Jungs großartig und würden sicher gleich ihre kleinen Rucksäcke packen. Irgendwie ist es ein bisschen so, als sei man Gott. Die Jungs glauben dir einfach alles, wenn du es nur überzeugend genug rüberbringst.

Und Mädchen können das. Sie sind seeehr überzeugend.

Und das ist der Grund, warum ich das Thema Elsa erledigen muss. Auf meine Weise. Damit mein Sohn wieder angstfrei in den Kindergarten gehen kann. Ohne in Eis verwandelt zu werden.

Also greife ich zu fairen Mitteln und erstehe tatsächlich den gruseligen Mütteralptraum Sir Fangar von Lego Chima. Der hat das dann für mich erledigt. Der ist nämlich ein echter Eis-Chi-Kämpfer. Von Berufs wegen. Mit zuschnappendem Maul und riesigen Säbelzähnen. Er hat eine wahnsinnig große Klaue, und – und das ist der Clou – er hat eine Eiswaffe. Eine, die richtig gefährlich aussieht. Und die ist ja wohl tausendmal besser als der alberne Elsa-Zauberstab. Ha!

Linus zog auf in den Eiskampf und kehrte siegreich zurück. Denn auch manche Mädchen sind leichtgläubig...

Alle Jahre wieder

Jungs haben jedes Jahr Geburtstag, genau wie Mädchen. Das ist toll, weil auch sie mit jedem Jahr zumindest ein klitzekleines bisschen vernünftiger werden, und doch stürzt es die betroffenen Eltern in tiefe Verzweiflung.

Was gibt es Schlimmeres, als die Vorbereitung eines Kindergeburtstagsfestes? Richtig, das Fest selbst.

Und richtig, die Krönung ist: der Jungsgeburtstag.

Zum Glück haben auch Jungs nur einmal im Jahr Geburtstag. Sonst hätten wir Jungsmamas uns längst in Sicherheit gebracht. Ins Ausland abgesetzt, irgendwohin, ganz egal, Hauptsache die Katastrophe bleibt uns erspart. Und es ist tatsächlich eine Katastrophe!

Geburtstag für einen Einjährigen, kein Problem. Geburtstag für einen Vierjährigen: Vollkatastrophe.

Wer die Regel »es kommen so viele Kinder, wie das Kind alt wird« erfunden hat, hat nicht bedacht, dass Fünfjährige tatsächlich schon denken und sogar sprechen können.

Und Linus hat dazu noch definitiv eine eigene Meinung. Und eine ganz genaue Vorstellung davon, wer alles zu seinem »Team« gehört und deshalb auch unbedingt zu seinem Geburtstag kommen muss.

Also haben wir mal wieder eine Liste gemacht. Das allein hat mich drei Wochen Diskussion gekostet, und am Ende sind wir mit der Wilden 13 geendet. Davon zwölf Jungs. Ob das eine Mädel in der Horde überleben wird, keine Ahnung. Doch das ist noch das geringste Problem. Denn die Auserwählten sind sich bei Weitem nicht alle grün. Mein Sohn ist sehr kontaktfreudig und hat Kindergartengruppen-übergreifend Freunde gefunden. Und mit Kindergartengruppen verhält es sich wie mit Straßengangs. Die sind im Krieg miteinander.

»Da sind die Schmetterlinge! Auf sie mit Gebrüü-üüllll!!!«

Die alle auf einem Haufen in unserer Wohnung? Ich krieg jetzt schon graue Haare, Plaque, mehrere Herzinfarkte und Nervenzusammenbrüche auf einmal, wenn ich nur daran denke. Was zum Teufel sollen wir bloß anfangen mit der Wilden 13?

13 Mädchen, hach, wie nett! Mit bunten Perlchen Kettchen knüpfen zum Beispiel, oder alle toll schminken lassen, eine Modenshow organisieren oder süße Hasen basteln. Oder Ponyreiten! Ja, ja, Ponyreiten, schreit mein kleines Herz für Pferde. Doch: »Päng, päng«, irgendwer drückt mir eine Seifenblasendose in den Rücken. »Mama, du bist tot!« Tschüss, ihr lieben Ponys.

Also was tun mit dem Haufen wilder Jungs? Ich sehe jetzt zersplitterte Stühle, zerkratzte Wände, kaputte Vasen, mit Schokokuchen beschmierte Fenster und bemalte Teppiche vor mir. Und es müsste bestimmt mindestens ein Mal in den unendlich langen vier Stunden der Krankenwagen anrücken. Neeee, das geht gar nicht! Nicht in unserer Wohnung. Wenn wir einen Garten hätten, okay, obwohl – neeee, die armen Blumen!

Also haben wir uns entschlossen, den Geburtstag in professionelle Hände zu legen und in den Park auszulagern. Besser Geld ausgeben für externe Bespaßung als für neues Inventar. Soll sich das doch jemand anderes geben. Natürlich werde ich die Straßengangsituation besser für mich behalten.... Fies, aber gerecht. So soll es sein.

Es wird ein Drachengeburtstag. Na ja, es hätte auch ein Ritter-, Piraten-, Polizei-, Indianer-, Cowboy-, oder noch schlimmer, ein Fußballgeburtstag werden können. Drachen gehen noch, denke ich, und shoppe fleißig die passende Deko.

Alles andere macht ja jetzt jemand anderes.

Und irgendwann ist es so weit. Die Drachenjagd beginnt. Was soll ich sagen? Es war toll! Während ich drinnen Kaffee getrunken habe, haben Ben und August sich mit Stöcken verprügelt, Marc hat das Blumenbeet umgegraben, Arndt und Michael waren für circa zwei Stunden verschwunden, Joel hat sich zweimal übergeben, und Lisa hat die ganze Zeit über geheult, weil Konrad ihr gesagt hat, sie dürfe nicht zu seinem Geburtstag kommen, weil sie ein Mädchen ist. Und das alles im strömenden Regen. Großartig! Am Ende haben alle ihre Kinder halbwegs heile wiederbekommen, und ich habe einen glücklichen Linus nach Hause gefahren. Nur den Drachen hat keiner gejagt, dafür war aber auch wirklich keine Zeit.

Die Fünf-Minuten-Krankheit

Mamis dürfen nicht krank sein. Niemals. Das ist eine goldene Regel, die ich nicht kannte, bevor ich Kinder hatte.

Gut, ganz kurz darf ich schon krank sein. Ganze fünf Minuten lang. Und zwar beginnend von dem Moment, in welchem ich gegenüber meinen Söhnen verkünde, dass es mir heute leider nicht so gut geht. Dass ich schreckliche Kopfschmerzen habe, ja, er dröhnt richtig, mein armer Kopf, und auch sonst glaube ich, dass ich Fieber bekomme. Und dass ich deswegen heute nicht mit ihnen spielen kann.

Große Augen starren mich an, als hätte ich soeben verkündet, dass Weihnachten und Ostern und auch alle Geburtstage dieses Jahr leider ausfallen müssen.

Doch dann besinnen sich die beiden darauf, dass sie ja mitfühlende, liebenswerte kleine Menschen sind, die auf keinen Fall möchten, dass ihre arme Mami leidet.

Also werde ich tatsächlich ins Bett verfrachtet. Linus streichelt meinen Kopf und fragt, ob ich etwas zu trinken haben möchte. Einen Tee vielleicht?

Nein, lieber keinen Tee, besser ein Wasser, sage ich, ohne mir meine wachsende Nervosität bezüglich des späteren Zustandes unserer Küche anmerken zu lassen.

Voller Tatendrang flitzt Linus los.

»Ich bring dir auch noch was zu essen mit, Mami. Was Gesundes. Ach, ich habs, ich schäl dir eine Mandarine.«

Währenddessen rennt Maxi zwischen Wohnzimmer, Kinderzimmern und Schlafzimmer hin und her und schleppt alle in der Wohnung befindlichen Decken und Kissen an, die dann fein säuberlich auf mich draufdrapiert werden. Wer Fieber hat, braucht es warm. Ist doch klar.

Nach einer gefühlten Ewigkeit taucht auch Linus aus der Küche wieder auf. Zum Glück hat Maxi meine Augen ausgespart, als er die Kissen aus Linus' Bett über meinem Gesicht stapelte, denn sonst könnte ich jetzt nicht sehen, wie lieb Linus es mit mir meint. Er hat für seine arme kranke Mama doch glatt den gesamten Kühlschrankinhalt ausgeräumt und ihn auf einem Tablett zu der Patientin ins Schlafzimmer verfrachtet.

Mit einem in meinem Kopf schmerzhaft nachhallenden »Rummms« landet das Tablett auf dem Boden.

»Hier, Mama. Damit du schnell wieder gesund wirst.«

»Danke«, höre ich mich dumpf durch eine dicke Lage Decken hindurch sagen.

Dann sagt eine ganze Weile niemand etwas.

Bis Maxi doch etwas sagt.

»Is muss Kacka.«

»Und ich hab Durst!«, schreit Linus gleich hinterher, und schon sind meine beiden Krankenpfleger unterwegs, um die eigenen Wunden zu lecken.

»Mama! Komm jetzt! Sonst mach is in die Hose!«

»Mama! Ich hab Durst, hab ich gesagt!«

So, das war's also mit meiner Krankheit. Schonzeit vorbei. Fünf Minuten volle Aufmerksamkeit müssen reichen. Nicht, dass mein Kopf das genauso sieht, aber Durst und Kacka gehen eben vor. So ist das nun mal.

Also schäle ich mich mit aller Kraft aus meinem gut gemeinten Krankenlager heraus und eile zuerst ins Bad, nicht ohne in die über den Boden verteilten Mandarinenstücke zu treten, und dann auch noch auf einer Wasserlache im Flur auszurutschen.

Danach ist klar, das nächste Mal behalte ich für mich, wenn es mir nicht gut geht. Wer hat schon Lust, im kranken Zustand eine Stunde Extraaufräumarbeit zu leisten, verursacht durch übereifrige Pfleger im Kleinkindalter.

Und so kommt es, dass ich mit über 39 Grad Fieber oder gerne auch mit Brechdurchfall stets zur Stelle bin, wenn etwa der Feuerwehrhelm nicht richtig sitzt oder das letzte Puzzleteil nicht auffindbar ist.

Wohlgemerkt, ich bin dann zur Stelle, trotz Krankheit. Papa nicht. Denn Papa ist zwar sonst wie Superman höchstpersönlich, wenn Superman aber krank ist, geht die Welt unter. Und »krank« ist ja ein sehr relativer Begriff. Ich jedenfalls bezeichne mich nicht als krank, wenn ich einmal niesen muss. Männer dagegen informieren in diesem Fall gerne schon einmal den Notarzt. Könnte ja ein ausgewachsener, Tod und Verderben bringender Schnupfen draus werden. Ja, Männer sind dann wie kleine Mädchen, die sich ein bisschen das Knie aufgeschürft haben. Untröstlich.

Doch unsere Männer können ja nichts dafür, wie wir Jungsmamas wissen. Denn ihr ausgeprägtes Leid ist ihnen angeboren.

Männliche Babys leiden nämlich verschiedener Statistiken zufolge häufiger an durch Blähungen hervorgerufenen Bauchkrämpfen als weibliche Babys.

Dabei glaube ich eigentlich nicht, dass männliche Babys wirklich mehr Blähungen haben als Mädchen. Sie beklagen sich nur stärker darüber. Weil sie Schmerzen nicht so gut aushalten können. Das Schmerzempfinden von Männern ist anders als das von Frauen. Kein Wunder, dass die Natur es so eingerichtet hat, dass Frauen Schwangerschaft und Geburt durchmachen müssen, und nicht die Männer. Und so was setzt sich nun einmal fort.

Auch kleine Jungs leiden ungleich mehr als kleine Mädchen, wenn sie krank sind. Sie sind nicht mehr ansprechbar, übellaunig und zu nichts zu gebrauchen.

Doch zum Glück gibt es ein Zaubermittel dagegen. Fiebersaft. Die Droge gegen die Krankheit. Und, schwuppdiwupp, habe ich wieder zwei lebhafte Plagegeister statt zweier Zombies. Und ich möchte auch wirklich nicht mit Papi tauschen, der jetzt gerade von meinen beiden plötzlich gesundeten Hobbypflegern im Schlafzimmer mit selbstgebrauter Medizin versorgt wird.

»Schau mal, Linus«, sage ich, ebenfalls total fürsorglich. »Dein Arztkoffer. Vielleicht solltet ihr bei Papi mal Fieber messen.«

Helden des Alltags

Als Kind habe ich gern *Pippi Langstrumpf* geschaut, *Mary Poppins* und *Mein kleines Pony*. Ich durfte nie viel fernsehen, und so halte ich es jetzt auch mit meinen Kindern. Fernsehen macht dumm, hat meine Mutter immer gesagt, und heute nerve ich meine Jungs mit demselben Spruch.

Wenn sie sich aber eine Folge ansehen dürfen, so geht es auch hier um die immer gleichen Themen. Jungsthemen. Nichts Romantisches, nichts mit Tieren, Blumen oder Feen. Es geht um Feuerwehr, Bogenschützen, Traktoren oder Baumeister. Und die Helden sind immer männlich. Haaaallloooo? Vielleicht könnte irgendwer beim Kinderfernsehen auch mal an uns Jungsmamas denken? Vielleicht mal 'ne jungstaugliche Fee, die gut mit der Axt umgehen kann, oder ein Pony, das Räuber einlocht? Irgend so was. Ist doch nicht so schwer! Wie sollen meine Söhne Frauen cool und stark finden, wenn die Mädchen in den Jungssendungen immer nur die Nebenrollen spielen?

Das ärgert mich wirklich. Denn ich will ja unbedingt, dass die Jungs ein gutes Frauenbild haben.

Ob das gelingen wird, keine Ahnung. Denn auch aus

Muttersicht ist es tatsächlich sehr schwierig, aus den Jungs einen Mann zu formen, der den hohen Ansprüchen der zukünftigen Damenwelt genügt.

Klug soll er sein, schön und ehrgeizig, aber auch ein Macho und verständnisvoll zugleich. Stark und weich, groß und lieb, treu und wild, romantisch und einfallsreich. Er soll Frauen verstehen können, aber kein Weichei sein. Mannomann, wie soll ich das alles in meine Jungs reinkriegen?

Momentan finden sie Mädchen selbst zwar noch nicht blöd, aber dafür alles, womit Mädchen spielen. Alles Pinkfarbene und alles mit Glitzer drauf. Und alles Püppiartige. Gut, das darf auch so bleiben. Und der ganze Rest?

Mir bleibt nur, den Jungs eine coole Mama zu sein. Auf keinen Fall das Heimchen am Herd, und auf keinen Fall die »Nur-Karriere-Frau«, die nie Zeit für irgendwas anderes hat. Eine Zerreißprobe, wie ich finde.

Das fängt schon damit an, dass ich meistens diejenige bin, die die Jungs nach dem Essen zum Spielen schickt, um alleine und in Ruhe den Tisch ab- und die Spülmaschine einzuräumen. Einfach aus Tellerschonungsgründen. Und weil das so gut für meine Nerven ist. Und was lernen Jungs dabei? Die Frau räumt auf und macht Reine. Aaaaarrrgghh! Da habe ich sie, die Vollmacho-Falle. Also, rauf auf unsere Listen: die Jungs mit einbinden beim Saubermachen. Immer! Auch wenn unsere Nerven und die Teller um Hilfe schreien. Aber was macht Jungsmama nicht alles für ein cooles Frauenbild…

Ring, Ring, Radau!

Das Telefon ist der natürliche Feind des Kindes. Ja wirklich, es gibt nichts Schlimmeres für ein Kind, als wenn ihre Mama in ihrer Anwesenheit telefoniert. Denn das Telefon verlangt nach Mamas Aufmerksamkeit. Die ist dann sozusagen weg. Nicht verfügbar. Nicht erreichbar. Und das geht ja gar nicht.

Die Jungs können vorher ins ausgiebigste Spiel vertieft sein, ganz ruhig in ihren Zimmern, oder auch ausgelassen miteinander. Bis der Feind sich meldet. Das gemeine Telefon. Kaum klingelt es, erscheinen die beiden wie aufgescheuchte Hühner auf der Bildfläche, dort, wo ich gerade stehe, um das Telefonat entgegenzunehmen.

Gut, es ist ja noch verständlich, dass sie ankommen, wenn es klingelt. Das macht ja Geräusche, da könnte ja etwas vor sich gehen, das man nicht verpassen sollte.

Aber erstaunlicherweise kommen sie auch, wenn ich jemanden anrufe. Vom anderen Ende der Wohnung aus. Also auch, wenn es nicht klingelt, und auch sonst keine Geräusche entstehen. So, als hätten die Jungs einen Peilsender eingebaut, der ihnen wild piepsend mitteilt, wann Mama ihre Aufmerksamkeit einer dritten Person zuwendet.

Die Flucht in ein anderes Zimmer hilft in so einem Fall wenig. Denn die Jungs folgen mir. Egal, wohin. Eigentlich folgen sie dem Telefon. Denn wenn ich es einfach weglege, zum Beispiel ganz achtlos auf den Küchentisch, wird es sofort wieder uninteressant. Die Jungs verziehen sich dann auf der Stelle in ihre Zimmer und spielen weiter, als sei nichts gewesen.

Sobald ich aber das Telefon wieder an mich nehme, um weiterzutelefonieren, tauchen sie wieder auf. Zwei Sekunden, und meine Verfolger sind wieder da. Unheimlich, nicht wahr?

Wenn ich es wage, ein richtiges Gespräch zu führen, also eines, das über die zwei Sekunden hinausgeht, die ich dafür brauche, meinem Gesprächspartner mitzuteilen, dass ich leider gerade gar nicht telefonieren kann, weil die Jungs zu Hause sind, bricht die Hölle los.

Da Flucht nichts bringt, bleibe ich einfach, wo ich bin, während zunächst wie wild erst an meiner Hose und später auch an meinem Pulli herumgezerrt wird.

»Mama«, ruft Maxi. »Mama, wer ist das?«

»Opa«, sage ich.

»Oh. Ich will auch mit Opa telefonieren!«, schreit Linus, schubst seinen Bruder beiseite, der daraufhin in wildes Wutgeschrei ausbricht, und zerrt an meinem Arm.

Ja, das ist laut, und nein, ich kann so nicht telefonieren. Also gebe ich nach.

»Na gut. Aber nur kurz«, sage ich und halte Linus den Apparat hin. Ich drücke den Lautsprecherknopf.

»Hallo, Linus. Wie geht es dir denn?«, fragt sein Opa.

Linus strahlt. Und schweigt. Er schweigt und schweigt und schweigt. Seine Lippen, versiegelt.

»Du musst schon was sagen«, kläre ich ihn auf.

»Gut«, antwortet Linus endlich auf Opas fast schon wieder vergessene Frage nach seinem Befinden.

»Und wie war es heute im Kindergarten?«, fragt der ambitionierte Opa.

Falsche Frage, denke ich, und sehe, wie Linus' Lächeln erstirbt. Das Gespräch entwickelt sich in eine aus seiner Sicht total langweilige Richtung.

Linus schiebt das Telefon von sich weg und legt sich auf den Boden, wo er wie wild um sich selbst zu routieren beginnt.

Ich schalte den Lautsprecher wieder aus und fahre mit meinem Gespräch fort. Aber nur, bis Maxi anfängt, an meiner Hose zu zupfen.

»Is auch mit Opa spressen«, ruft er und schaut vorwurfsvoll zu mir auf.

Gleiche Prozedur mit Maxi, gleiches Ergebnis. Jetzt ist erstmal Ruhe. Bis Linus einfällt, dass er jetzt sofort mit mir ein Bild malen muss, und Maxi beginnt, mich mit Kuscheltieren zu bewerfen.

Das ist nicht weiter schlimm, ist ja nur der Opa dran, der versteht das. Doch leider unterscheiden die Jungs nicht danach, wer dran ist.

Auch, wenn es wirklich wichtig ist, wenn ich ihnen vorher drei Stunden lang erklärt habe, dass ich unbedingt kurz, nur ganz kurz ein dringendes Telefonat führen muss, endet das Gespräch in einem absoluten Desaster.

Deswegen telefoniere ich nur noch, wenn ich allein zu Hause bin. Ohne die Jungs. Zum Beispiel rufe ich dann meine beste Freundin an. Ihre kleine Tochter ist heute krank.

»Mann, ist das aber laut bei dir«, sage ich über das grelle Wutgeschrei im Hintergrund hinweg. »Man versteht ja sein eigenes Wort nicht mehr.«

»Ja, ich weiß. Tut mir leid«, sagt meine Freundin, völlig außer Atem, weil sie während unseres Gespräches ständig auf der Flucht vor ihrer Tochter ist.

»Aber mach dir nichts draus«, sage ich. »Bald ist das ja sowieso vorbei.«

»Wie meinst du das?«, fragt sie, es scheppert im Hintergrund.

»Na ja, bald wirst du das Telefon gar nicht mehr zu Gesicht bekommen. Du weißt doch, dass Teenie-Mädels telefonsüchtig sind, oder?«

Der Ton macht die Musik

Mein älterer Sohn ist vier Jahre alt. Mein kleiner ist zwei. Irgendwann zwischen zwei und vier hat Linus es geschafft, sein zartes Stimmchen auf Krawall zu bürsten. Genau weiß ich nicht, wie und wann es passiert ist, aber er röhrt wie ein Hirsch. Ultralaut, so als hätte er sich heimlich ein Megafon eingebaut. Das macht sein »Aaaaangrifff«-Gebrüll gleich zehnmal so eindrucksvoll. Es sollen ja auch die Nachbarn, die ganz unten im Haus wohnen, etwas davon haben.

Maxis Stimmchen dagegen ist noch so piepsig, dass ich mir fast Sorgen mache, ob überhaupt jemand ihn bemerkt, wenn er in den Kindergarten wechselt.

Man kann es mir aber auch nicht recht machen. Der Eine zu laut, der Andere zu leise…

Na ja, jedenfalls bin ich in diesem Punkt echt froh, Jungs zu haben. Wenn nämlich Mädchen voll aufdrehen, ist das so, als würde das Gehör innerlich kollabieren. Meine Patentochter zum Beispiel kann mit ihren zwei Jahren kreischen, dass die Wände wackeln. Und das klingt noch stundenlang nach! Kein Witz, wenn ich auf sie aufpasse, müsste ich aus Sicherheitsgründen eigentlich Kopfhörer tragen. Und selbst damit läuft man Gefahr, dass das Trommelfell ernsthaften Schaden erleidet.

Und Mädchen kreischen wirklich oft. Egal, was ist, es wird geheult oder gekreischt. Wir gehen nach Hause, Geheule. Es gibt jetzt kein Eis, Gekreische. Okay, dann schnell doch lieber in die Eisdiele. Oh, die haben nur Vanilleeis? Hallo, du ewiges Gejammer. Okay, okay, wir schauen, ob die andere Eisdiele noch Schokolade im Angebot hat. Gute Tante!

Klar, die Jungs meckern auch, aber eben ein paar Tonlagen angenehmer. Und die weinen auch nicht so schnell. Ich bin nicht sicher, ob Jungs- und Mädelsmamas anders mit den Wehwehchen ihrer Kinder umgehen, aber ich versuche schon, das Ganze nicht immer so aufzubauschen. Denn das Leid wird ungleich größer, wenn es zu viel Beachtung findet.

»Oh, du bist gestolpert und hingefallen? Toll, wie tapfer du bist! Du wirst bestimmt mal ein großartiger Stuntman!« Kein Geschrei, sondern ein strahlender Sohnemann. Und gleich nochmal extra hinfallen! Zugegeben, das ist ein lästiger Nebeneffekt, der dann wieder die Nerven der Jungsmamas strapaziert, aber solange nichts Schlimmes passiert, heiligt der Zweck die Mittel.

Ganz anders zum Beispiel meine beste Freundin mit ihrer Tochter. Wehe, da passiert was. Ehrlich, die leidet dann so mit, dass sie selbst fast mit Herzinfarkt ins Krankenhaus eingewiesen werden muss. Die Folge ist, dass die Kleene wirklich beim allerkleinsten bisschen mindestens zwei Stunden lang getröstet werden muss. Und gekühlt und verarztet, desinfiziert, gecremt, verbunden und verpflastert. Eben das ganze Programm, weil sie barfuß auf ein Steinchen getreten ist, das ein bisschen gedrückt hat. Ja, ja, es braucht schon das volle Arztwissen, um ein Mädchen großzuziehen.

Und das ist dann wirklich was, wo wir Jungsmamas uns umdrehen und uns heimlich ins Fäustchen lachen. Ha!

Genau das Gleiche übrigens, wenn Mädchen mit Schmutz in Berührung kommen. Den Jungs macht das nichts, die finden es großartig, so auszusehen, als hätten sie drei Tage lang im strömenden Regen beim Wacken-Festival ausgeharrt. Aber wehe, ein Mädel stellt fest, dass ein bisschen Erde an seinem Bein klebt. Ja, Erde haftet! Und ja, das muss schon laut und deutlich kommentiert werden. Erst von der Mama, denn der Dreck hat ja schließlich dort nichts verloren. Und dann, was viel schlimmer ist, von dem Mädel selbst. Lauthals.

Lieber Gott, warum habe ich Ohren!

Oder wenn das Mädel aus Versehen zum Beispiel am Ärmel nass wird. Katastrophe! Ich brauche Ohropax!

Also Mädelsmamas, entspannt euch. Da bin ich ganz anderes gewohnt, ihr würdet staunen. Von ein bisschen Dreck wird niemand sterben. Von dem Gekreische vielleicht aber schon.

Kamikaze

Ich bin echt schon abgehärtet, was kleinere Wehwehchen angeht. Nur habe ich Jungs. Da bleibt es nicht bei kleinen Auas.

Meine Nichte hat noch nie irgendwo geblutet. Nicht mal einen kleinen Kratzer hat sie jemals gehabt. Dafür ist ihr Pflasterverbrauch immens.

Der Pflasterverbrauch meiner Jungs ist gering. Nicht, weil sie nie eins brauchen, sondern weil die Verletzungen zu groß sind, als dass man sie mit einem Pflaster einfach überkleben könnte und gut ist.

Ich kann kein Blut sehen. Ehrlich, wenn ich Blut sehe, werde ich ohnmächtig. In der Schule bin ich mal beim Fischesezieren ohnmächtig geworden. Und beim Zahnarzt, beim Blutabnehmen, nach dem Finger-Einquetschen oder auch einfach wegen starken Bauchwehs. Ohnmächtig werden tut zwar selbst nicht weh, ist aber lästig. Sollte mal einer meiner Jungs mit einem abgetrennten Finger zu mir kommen, muss ich ihm mitteilen, dass ich mich leider darum nicht kümmern kann, weil ich sonst ohnmächtig werde.

Also, unsere Bilanz ist noch ganz gut. Alle Finger sind noch dran. Obwohl die Jungs echt kamikazeartig unterwegs sind. Meine Nerven werden den Stress bis an ihr Lebensende nicht verarbeitet haben, aber es hilft ja nichts.

Die beiden schlimmsten Wehwehchen, die wir vorweisen können, habe ich nicht zu verantworten. Weil ich nicht dabei war.

Anruf aus der Kita. Schon ein Horror an sich. Im Ernst, es gibt nichts Schlimmeres, als den Moment, in dem man feststellt, dass es die Kita ist, die anruft. Kann ja nur was passiert sein. Kind hat gekotzt, Läuse oder sich den Fuß gebrochen. Oder einem anderen Kind den Fuß gebrochen. Muss auf jeden Fall abgeholt werden.

Dieses Mal: Platzwunde bei Maxi. Schnell hin, Schockstarre wegen blutigem Kopfverband. Kind mit blutigem Kopfverband eingepackt und ins Krankenhaus gefahren. Reiß dich zusammen, reiß dich zusammen! Ich habe mich zusammengerissen. Auch, als der Arzt die Wunde geklebt hat.

»Die ist echt tief. Bis auf den Knochen.«

Stopp, stopp, too much information! Mein Magen meldet sich, und ich drehe mich weg. Nicht ohnmächtig werden, nicht ohnmächtig werden.

Dann ist es geschafft. Kind verpflastert, kein Blut mehr in Sicht. Meine Sorge gilt jetzt nur noch der Narbe, die wohl bleiben wird. Na ja, Mann ohne Narbe ist ja auch nichts. Frauen finden das gut. Das macht verwegen. Doch sollten wir uns noch eine gute Story dazu ausdenken. Denn es ist nicht so sexy, wenn Maxi zu der

Entstehung seiner Narbe vermeldet, dass er mal mit eineinhalb von einer Kinderbank vornüber auf einen Blumentopf gefallen ist.

Die zweite, nicht weniger schlimme Blessur hat Linus zu verbuchen. Ein ausgeschlagener Zahn. Obwohl, der Zahn war nicht ausgeschlagen. Er war noch drin.

Was war passiert? Linus ist mit so einem Hotelkofferschiebewagen umgestürzt, weil der Schiebende den Wagen nicht ordentlich festgehalten hat. Das war zwei Minuten, bevor wir wieder nach Hause fahren wollten. Zwei Minuten vor Sicherheit. Mein Mann zog mit einem heilen Linus los, um die Koffer einzuladen, und brachte einen weinenden Linus mit dicker, blutiger Lippe zurück. Sonst war aber alles noch dran. Dachte ich.

Am nächsten Tag bin ich dann nur zur Sicherheit mit Linus zur Zahnärztin gegangen:

»Der Zahn ist zweifach gebrochen. Wir müssen ihn morgen rauswackeln.«

Rauswackeln? Hatte sie jetzt echt »rauswackeln« gesagt? Morgen schon? Das ist ja wohl nicht dein Ernst, liebe Frau Zahnärztin!

Alle Gegenwehr meinerseits war zwecklos. Der Zahn musste raus. Ich durfte dann noch die Geruchsrichtung des Lachgases aussuchen. Das war einfach. Schoko.

Und am nächsten Tag wurde Linus' Zähnchen unter Schokodrogeneinfluss gezogen. Er war tapfer, ich war es nicht. Ich hab draußen gewartet. Mein Mann musste mit rein. Ihm macht das nichts aus. Wahrscheinlich wollte er auch mal von der Schokodroge probieren. Jedenfalls ist Linus jetzt stolz wie Bolle auf seine coole Vorschul-Zahnlücke.

Buuuuhhuuuuhh, das süße Zähnchen. Zähnchen ist gut, die sind riesig, das denkt man gar nicht. Also, ich wäre auf jeden Fall ohnmächtig geworden. Schokodroge hin oder her.

Kampfhähne

Wie gesagt, ich bin ein Huhn. Ein Huhn mit einer Hühner-Schwester. Hühner streiten.

Meine Söhne sind Brüder. Brüder kloppen sich. Sie rivalisieren. In allem.

Das fängt morgens schon an. Wer darf als Erster aufs Klo? Wer hat mehr Zahnpasta auf der Bürste? Oder weniger? Wer darf sich zuerst die Cornflakes in die Schüssel kippen?

Die Jungs rivalisieren nicht nur 'n bisschen, nein, sie rivalisieren immer und überall.

Oh mein Gott, Linus hat doch tatsächlich den Knopf im Lift gedrückt, welch ein Drama. Dafür gibt's 'nen Tritt.

»Hey!«

Das kann Linus natürlich nicht auf sich sitzenlassen. Maxi kriegt 'ne Kopfnuss. Und so schaukeln die Streithähnchen sich hoch, bis das Ganze in einer ausgewachsenen Rangelei endet.

Gut, so ausgewachsen ist es noch nicht, zum Glück, denn noch kann ich den Zwergenaufstand mit relativ geringem körperlichen Einsatz beenden. Ich quetsche mich also einfach kommentarlos dazwischen. Wer was wann zuerst gemacht hat, spielt keine Rolle. Denn es war eh immer der andere, und beide haben immer recht.

Auch im Kindergarten geht das so. Dort wird es dann »kämpfen« genannt.

»Und, was habt ihr heute Schönes im Kindergarten gemacht?«, frage ich.

Ein Strahlen breitet sich auf Linus' Gesicht aus.

»Wir haben gekämpft.«

Anfangs war ich schockiert. Gekämpft? Meine süßen kleinen Jungs müssen im Kindergarten Kämpfe austragen? Zum Glück bin ich nicht gleich wie das aufgescheuchte Huhn zu der Erzieherin hingerannt. Denn meine Jungs neigen zu Übertreibungen. Deswegen bin ich ganz ruhig geblieben. Erst einmal die Fakten ganz genau checken und erst danach aufregen, also nur, wenn es unbedingt nötig ist.

»Aha«, sage ich deshalb. »Und wer hat gewonnen?«

Linus' Strahlen verbreitert sich deutlich.

»Na, ich«, sagt er und plustert sich auf.

Gut, denke ich. Er kämpft im Kindergarten. Aber es scheint ihm nichts auszumachen. Er ist als Gewinner aus dem Ganzen hervorgegangen. Und das macht ihn stolz.

Warum also soll ich mich aufregen?

Trotzdem, ganz still und insgeheim beschäftigt es mich doch. Denn ich habe als kleines Mädchen niemals körperlich kämpfen müssen. Zum Glück. Wahrscheinlich hätte ich haushoch verloren. Ich wäre sicher kein erfolgreicher Junge geworden.

Deswegen bin ich dagegen. Ich versuche alles, um diese Kampfmarotte loszuwerden. Zum Beispiel mit schlimmen Geschichten.

Eine gute Freundin von mir hat zwei jüngere Brüder. Die haben sich auch immer gekloppt, und der jüngere hat es dabei geschafft, dem älteren den Arm zu brechen. Wirklich wahr!

Diese Geschichte habe ich meinen Jungs erzählt. Zur Abschreckung. Damit sie endlich Frieden schließen und Ruhe geben. Weil niemand sich gerne den Arm brechen lässt. Dachte ich jedenfalls.

Reaktion Linus: »Den Arm gebrochen? Echt? Cool, wie hat er das gemacht?«

Ich geb's auf!

Zwerg Nase hat's nicht leicht

Neulich war Fasching. Eigentlich war Karneval, aber hierzulande sagt man eben Fasching.

Kinder lieben Fasching. Nicht, dass sie sich sonst nie verkleiden würden, aber an Fasching ist es sozusagen legal. Da dürfen die vielen Identitäten offiziell in den Kindergarten ausgeführt werden. Und in den Supermarkt. Und zum Judo. Und auch sonst überallhin.

Na ja, jedenfalls habe ich mal wieder dazugelernt. Nämlich, dass man seine Jungs niemals fragen darf, als was sie denn gehen wollen zu Fasching.

»Als Ninja.«

Das kommt wie aus der Pistole geschossen. Linus weiß nicht, was ein Ninja ist, nur dass es das von Lego gibt. Lego scheint wirklich großen Einfluss zu haben auf unser Familienleben, vielleicht sollte ich mal einen längeren Brief dorthin schicken.

Also ein Ninja. Ich lasse das erst einmal unkommentiert.

»Und du?«, frage ich Maxi.

»Ninna«, antwortet er, ebenfalls fest entschlossen. Natürlich.

Vielleicht sollte ich erwähnen, dass Linus gerade zu

Weihnachten ein 1A-Piratenkostüm geschenkt bekommen hat. Und dass wir eine grooße Kiste voller Polizei-, Indianer-, Feuerwehr-, und Cowboy-Accessoires besitzen. Ninjas findet man darin nicht. Noch nicht.

»Wie wäre es denn mit Indianer?«, wage ich einen Versuch.

»Nein, Ninja!«, schreit Linus, rennt in sein Zimmer und knallt die Tür hinter sich zu.

»Päng, päng, Mami ist tot«, ruft Maxi, während er mich abknallt, und verschwindet dann ins Wohnzimmer.

Später rufe ich meine Schwester an. Sie erzählt mir, dass sie ein ganz schreckliches, grauenvolles, niveauloses, unterirdisches, für eine Mädchenmama nicht ertragbares Teil für ihre Tochter kaufen musste. Ich erkundige mich, was das denn für ein Horrorstück sei.

Oh. Mein. Gott!

Sie hat tatsächlich ein Blumenfeenkostüm für ihre Tochter erstanden. Ich schaffe es nicht, sie gebührlich zu bemitleiden. Wie gerne würde ich nur einmal im Leben zwei Blumenfeen in den Kindergarten schicken.

Kurz darauf befrage ich Google. Und siehe da, es gibt tatsächlich ganz viele fantasievolle Kostüme auch für Jungs. Weit ab vom Superhero- und Polizisten-Mainstream.

Zwerg Nase zum Beispiel gefällt mir echt gut. Oder Fuchs, oder, ja, wie wäre es denn mit dem Hula-Mann dort?

Ein paar Tage später ist es dann so weit. Es ist Fasching. Ich fahre die beiden Ninjas in den Kindergarten. Schon in der Garderobe sind wir umzingelt von anderen Ninjas.

Als ich die Jungs wieder abhole, erfahre ich, dass ein Mädchen im Zwerg-Nase-Kostüm weinend früher abgeholt werden musste. Die vielen Blumenfeen haben sie so oft verzaubert, dass sie nicht länger bleiben wollte.

Ein Hoch auf Lego!

Zuckerbrot und Peitsche

Vor ein paar Wochen hab ich mich getraut. Zum ersten Mal bin ich mit den Jungs allein in den Urlaub gefahren. Also ohne meinen Mann. Mit von der Partie war meine beste Freundin mit ihrer kleinen Tochter, meiner Patentochter, ebenfalls ohne ihren Mann.

Nach Adam Riese sind das zwei Erwachsene und drei kleine Kinder. Nach Adam Riese ist das mindestens ein Kind zu viel. Es war grundsätzlich ein schöner Urlaub. Wäre ich danach nur nicht so urlaubsreif gewesen.

Jetzt ist es nicht so, dass die normalen Familienurlaube, also die mit Mann zu viert, nicht auch immer ein klitzekleines bisschen anstrengend sind. Mit Wellness hat auch das wahrlich nicht viel gemein. Trotzdem war mir vorher nicht bewusst, dass mein Mann dabei tatsächlich mindestens genauso viel Action einbringt wie ich.

Frauen meinen ja immer, sie seien benachteiligt, was die Aufteilung der Pflichten bei der Kinderbetreuung angeht. Diese Frauen liegen leider falsch. Diese Frauen müssen einfach mal alleine, also ohne Papa, mit den Sprösslingen verreisen. Danach ist alles klar.

Das fängt schon an bei der elenden Packerei. Gut, die

bleibt naturgemäß immer an den dafür zur Verfügung stehenden Frauen hängen. Denn die Frauen haben die Liste. Und die ist unerlässlich, möchte man auch wirklich auf jede Unwägbarkeit im Urlaub vorbereitet sein. Wer jemals für ein Baby gepackt hat, für den ist die Packerei für zwei Kleinkinder ein Witz. Also hier noch kein Problem für mich.

Aber dann. Den Teil danach, also den, bei dem man nicht mehr denken muss, übernimmt normalerweise mein Mann. Das Runtertragen des Gepäcks und das Verladen desselbigen ins Auto zum Beispiel.

Bei der männerlosen Reise übernimmt der Mann das nicht.

Als meine Freundin und ich endlich alle 100 riesigen Gepäckstücke plus zwei Buggys, Reisebetten, Schwimmbretter, Jacken, Proviant für mindestens vier Wochen und die komplette Unterwegsbespaßung im Auto verstaut hatten, waren wir schweißgebadet. Aber auch stolz wie Bolle. Wer braucht schon Männer?

Dann ging es ab nach Italien.

Italien ist toll. Da kann man den ganzen Tag baden. Kinder lieben baden. Wenn es nicht regnet. Es hat geregnet. Vier ganze Tage lang. An Tag zwei war ich mit den Nerven so am Ende, dass ich am liebsten wieder nach Hause gefahren wäre. Wo ist mein Kindergarten?

Wir sind nicht nach Hause gefahren. Was hätten die Männer von uns gedacht?

Stattdessen waren wir in einem Tierpark mit Namen

»Reptiland«. Die Jungs fanden es großartig. Giftige Schlangen und riesige Spinnen. Genau ihr Ding.

Meine Freundin hat ihrer Tochter die Spinnen lieber vorenthalten. Die Kleine könnte ja Alpträume davon bekommen.

Das fand ich reichlich übertrieben. Wenn es doch nun einmal Vogelspinnen gibt auf dieser Welt, warum darf meine Patentochter nichts davon erfahren? Was, wenn ihr mal wirklich eine begegnet, würde sie dann nicht danach greifen, weil sie das Spinnentier für eine süße Maus mit vielen Beinen hielte?

Wäre sie nicht so überbeschützt, dann wäre sie sicher auch nicht so weinerlich.

Und meine Patentochter war sehr weinerlich.

»Üühüüüühüüüü«, so der Zwischenton, der mein Trommelfell fast zum Zerplatzen brachte. Weil das Winnie-Puuh-Pflaster mit dem Gesicht nach unten auf die schwerst verletzte Hand geklebt wurde oder weil Maxi gerade das eine Stück Melone von den 40 vorhandenen Stücken nahm, das meine Patentochter sich im Geiste aber schon vor über einer halben Stunde ausgesucht hatte.

Die Jungs fanden das toll. Sie haben keine Sekunde ungenutzt verstreichen lassen und die Weinerlichkeit meiner Patentochter bis zum Anschlag ausgetestet. Das wiederum fand meine Freundin total blöd. Am Ende fanden wir uns, glaube ich, alle gegenseitig ziemlich nervtötend.

Mir ist während dieser Reise außerdem erstmalig aufgefallen, dass ich ganz anders mit meinen Jungs rede als meine Freundin mit ihrer Tochter.

Ich der Feldwebel, meine Freundin die Seelsorgerin.

Zuckerbrot und Peitsche.

Tatsächlich bin ich der Meinung, dass Jungs ihren Eltern ohne eine gewisse Strenge total auf der Nase herumtanzen würden. So wie ich es mache, habe ich sie einigermaßen im Griff.

Und so brülle ich den ganzen Weg über hinter den Jungs her.

»Nicht so nah an den Rand. Da fahren Aaaauuutoooos!«

»Maxi! Bleib sofort da stehen! Stooooopp!«

Und so weiter.

Auch beim Essen geht das so.

»Linus! Knie runter!«

»Maxi! Lass deinen Bruder in Ruhe!«

Kurze knappe Anweisungen, möglichst unumstößlich rübergebracht.

O-Ton meine Freundin dagegen:

»So mein Hasenbaby, schau mal. Was möchtest du denn gerne essen?«

Oder:

»Nein, mein Hasenbaby, bitte nicht die Möhre nach Maxi werfen. Die arme Möhre! Die ist doch auch ein Lebewesen.«

Oder:

»Oh nein, magst du das nicht? Soll ich dir ein anderes Fünf-Gänge-Menü kochen?«

Okay, ich gebe es zu, das ist jetzt natürlich übertrieben. Aber mit meinen Jungs würde ich nicht mal annähernd so reden.

Am Abend haben wir dann noch mit den Kindern gemalt.

»So, dann malt mal auf, was denn heute am schönsten für euch war.«

Irgendwann, als die drei fertig waren, hat meine Patentochter auf Linus' Bild gezeigt und strahlend verkündet:

»Schau mal Mami, Linus hat eine Maus mit acht Beinen gemalt. Ist der aber dumm!«

Pfui Spinne

Meine Jungs lieben Insekten. Egal, wo welches Krabbelgetier auftaucht, die Aufregung ist riesengroß. Gerade deswegen verstehe ich nicht, weshalb es ihnen so viel Freude bereitet, Insekten aller Art nach allen Regeln der Kunst zu quälen. Ist das so bei denen drin? Wo kommt das her?

Von mir sicher nicht, ich bin der tierliebste Mensch auf der ganzen Welt. Und ich habe versucht, meinen Jungs diese Eigenschaft mit auf den Weg zu geben.

»Das sind auch Lebewesen, die haben Gefühle.«

»Wo denn?«, fragt Maxi und stochert mit einem Stöckchen in der toten Fliege herum.

»Die sieht man nicht, die hat man einfach«, antworte ich.

»Wenn man sie nicht sieht, kann man sie auch nicht kaputtmachen«, schließt Maxi, und ich wende mich ab, um meinen Ekel vor dem toten Insekt zu verbergen.

Was macht Insekten so interessant für die Jungs? Ich bin zwar tierlieb, bin aber trotzdem froh, wenn Frau Spinne und Co. draußen bleiben. Für die Jungs dagegen ist es ein Fest, wenn eines dieser Viecher sich in unsere Wohnung verirrt hat.

»Spinne!!! Maxi, komm schnell, hier ist eine Spiiinneeeee!!!«, hallt es dann nicht nur durch unser Wohnzimmer, sondern gleich die ganze Straße runter.

Und dann wird die Spinne untersucht. Verfolgt, beobachtet, beschrien und beklatscht. Und am Ende *zer*klatscht.

Und selbst der übrigbleibende Haufen Spinnenmatsch übt immer noch eine wahnsinnige Anziehungskraft auf meine beiden kleinen Tierquäler aus.

Ich finde das grauenhaft. Und wenn ich kann, verhindere ich solche Massaker.

Manchmal wehren die Viecher sich aber auch selber. Ich wusste zum Beispiel nicht, dass der Schleim einer Nacktschnecke sich erst nach einer halben Stunde Schrubben von einem Kinderfinger lösen lässt, und das auch nur widerwillig. Wi-der-lich!

Na ja, die zukünftigen Nacktschneckengenerationen können sich freuen. Linus wird das nächste Exemplar, das es wagt, seinen Weg zu kreuzen, in Ruhe lassen. Immerhin.

Denn auch kleine Jungsfinger haben Gefühle.

Ein Bad für die Hausherrin

Ich brauche dringend ein eigenes Bad. Nur für mich ganz allein. Betreten verboten für alle Männer, die unsere Wohnung bevölkern. Das Problem ist nur, dass wir in unserer Wohnung keinen Platz für ein weiteres Bad haben. Nicht heute und auch nicht irgendwann sonst.

Und so kommt es oft, dass wir Jungsmamis unser Bad mit unseren Plagegeistern teilen müssen. Und mit deren Gerödel. Mit den lauten, hässlich klotzigen Rasierapparaten unserer Männer, mit lustigen bunten Kinderzahnbürsten, die sich dank neuartigem Saugnapf an der Unterseite jetzt überallhin stöpseln lassen und sich nie brav in dem dafür vorgesehenen Zahnputzbecher aufhalten. Und mit Spielzeug.

Es vergeht kein Tag, an dem ich nicht Unmengen von Rittern, Autos und Malbüchern samt dazugehörigen Stiften aus dem Bad abtransportiere. Ja, bei uns im Bad wird gemalt. Denn malen macht am meisten Spaß vor der Dusche liegend, in welcher die Mama gerade versucht, in Ruhe ihrer ganz privaten Körperpflege nachzugehen.

Immerhin darf auch eine Jungsmama irgendwann wenigstens wieder allein auf die Toilette gehen. Wenn es denn schnell geht. Denn Mamis dürfen nie irgendwo ohne ihren Miniaufpasser hingehen. Könnten ja abhandenkommen in den endlosen Weiten des Badezimmers.

Vielleicht sollte ich unter dem Badfenster einen Schuttcontainer aufstellen lassen, in den ich das abgelegte Spielzeug schnell und einfach entsorgen kann. Der Container wäre nach zwei Tagen voll.

Leider gibt es in den heutigen Kinderzimmern genügend Spielzeug-Nachschub, sodass solche Bemühungen im Endeffekt umsonst wären.

Doch das Spielzeug im Bad ist nicht das Schlimmste an der Situation. Es ist der Dreck. Der spezielle Männer- und Jungsdreck, den Männer und Jungs in Badezimmern naturgemäß produzieren.

Auch hier in der Das-Bad-versauen-Hierarchie findet man die Frau des Hauses ganz weit unten.

Mein Waschbecken – und da habe ich mich durchgesetzt, ich und ausschließlich nur ich benutze das rechte Waschbecken – sieht nach einer Woche, nachdem unsere Putzfrau da war, noch so aus, als sei sie gerade erst da gewesen.

Das andere Waschbecken, also das Männer- und Jungswaschbecken, ist zu diesem Zeitpunkt abrissreif.

Ich weiß nicht, wie unsere Putzhilfe das immer wieder hinbekommt und wie sie es schafft, es zu reinigen, ohne danach in die Notaufnahme eingeliefert zu werden. Denn die Schicht, die sich im Waschbecken gebildet hat, halte ich für höchst infektiös.

Die hübschen, filigranen Armaturen, die sich mit einem Fingerstreich bedienen lassen sollten, lassen sich nur an meinem Waschbecken noch benutzen wie am ersten Tag. Bei meinem Mann braucht man schon fast eine Brechstange, um den Hahn aufzudrehen, und das Ganze geht auch nur mit einem höchst ungesund klingenden Quietschton vonstatten, der mir jedes Mal eine großflächige Gänsehaut beschert.

Und der Spiegel. Spiegel kann man das gar nicht mehr nennen. Es handelt sich eher um ein Zahnputz-Spritzer-Auffanglager. So bleibt wenigstens die Wand dahinter sauber, das wäre dann also die Daseinsberechtigung des Jungs- und Männerspiegels.

Und die Toilette… Da möchte ich lieber nicht in die Tiefe gehen. Mehrere männliche Bewohner gehen eben nicht geruchlos daran vorbei.

Wie soll das noch werden, wenn die Jungs Teenager sind? Das geht echt gar nicht. Wir müssen dringend umziehen, und zwar sofort. Irgendwohin, wo ich ein eigenes Bad haben kann.

Obwohl, dann wäre ich ja auf mich gestellt. Ich würde mich verlaufen in den Weiten des Badezimmers, nicht mehr herausfinden, nie mehr zurückkehren. Und wer soll dann im Notfall den Krankenwagen für unsere Putzhilfe rufen, sollte sie sich im Männer-Jungs-Bad doch einmal was Ernsteres einfangen? Einen lähmenden Virus zum Beispiel? Nein, das kann ich wirklich nicht verantworten. Dann lieber doch: Nase zu und durch.

Eine Sandschlange
kommt selten allein

»Und was ist das für ein Buchstabe?« Ich tippe auf das E.

Linus sieht mich fragend an und formt ein tonloses O. Als ich nicht reagiere, geht er über zu einem I, dann zu einem A. Er hat keine Ahnung.

Gut, er ist ja erst vier, denke ich, bleib ruhig. Du musst es ihm erklären. Ganz in Ruhe.

Aber ich habe es ihm schon ganz in Ruhe erklärt. Mindestens tausend Mal. Gerade vor einer Minute noch habe ich einen ellenlangen Vortrag darüber gehalten, dass das ein E ist, ein E mit einem Strich runter und drei kleinen Strichen nach rechts. E wie Esel, E wie einfach.

»Okay. Macht nichts. Das ist ein E«, sage ich so ruhig ich eben kann.

»Und was ist das hier?« Es ist ein O, auf das ich jetzt zeige.

»Das ist ja babyleicht«, sagt Linus.

Ein Hoffnungsschimmer. Vielleicht sind meine Bemühungen ja doch nicht ganz umsonst.

»Das ist ein E«, verkündet Linus freudestrahlend. Und ich falle in Ohnmacht.

Nie hätte ich gedacht, dass mich das so aufreiben

würde. Wenn die Jungs nicht bei der Sache sind. Wenn ich ihnen was erklären möchte und sie aber viel lieber den Bruder mit Bauklötzen bewerfen.

Ich bin ein seeeehr geduldiger Mensch, wirklich. Aber das reicht hier nicht. Bei Weitem nicht.

Vielleicht muss man so eine Art seelenloser Lehrerklon sein, um damit klarzukommen, dass Jungs immer wie eine Sandschlange auf dem Boden herumruscheln, während man die Regeln eines neuen Gesellschaftsspiels erklärt.

Oder wenn sie die Stifte über den Tisch kicken, während wir Konzentrationsübungen in einem Vorschulbuch durchgehen.

Ich könnte echt ausrasten. Ich halte das nicht aus, wirklich nicht.

Nicht, weil ich mehr erwarte, als drin ist. Ich brauche keine Superjungs, die schon mit zwei bis 1000 zählen können, aber ein bisschen Aufmerksamkeit wäre doch sehr fein.

Keine Chance. Konzentration null.

Gut nur, dass allseits bekannt ist, dass Jungs in der geistigen Entwicklung hinter den Mädchen zurück sind. So ist es wenigstens nicht meine Schuld, wenn in der nahenden ersten Klasse nur die Finger der weiblichen Klassenkameraden in die Höhe schnellen werden, sobald die Lehrerin eine Frage stellt.

Keine Ahnung, wie die Lehrerin es schaffen will, die Jungs bis zur weiterführenden Schule zu bringen, ich weiß es wirklich nicht. Ich stelle mir das Vorhaben aussichtsloser vor als die Chance, Jungskleidung auch am Folgetag noch einmal benutzen zu können. Oder mit den Jungs eine Oper zu besuchen, ohne rauszufliegen. Viel schlimmer. So undenkbar schlimm, dass ich auf der Stelle eine Schweigeminute einlege für jede Grundschullehrerin dieser Welt. Hut ab, ganz ehrlich. Und da sind ja nicht nur meine Jungs, nein, da sind noch mindestens zwölf andere, die wie Sandschlangen über den Boden ruscheln, während die Lehrerin erklärt, dass zwei und eins drei ergibt. Die Schule, ein Paradies für die Sandschlange.

Grauenhaft. Dann bleibe ich doch lieber eine einfache Jungsmama.

Der Apfel

Das Sprichwort besagt, der Apfel falle nicht weit vom Stamm. Das gilt auch für optische Aspekte. Jedenfalls, was meinen älteren Sohn betrifft. Denn er sieht genauso aus wie sein Papa. Er ist eine absolute Miniaturausgabe meines Mannes. Das stellt auch jeder fest, der uns besucht.

Für unseren jüngeren Sohn gilt das nicht. Viele sagen, dass er so aussieht wie ich. Ich glaube, das sagen sie nur, weil sie nicht wissen, was sie sonst sagen sollen. Aus Verlegenheit. Es geht ja nicht, dass sie den einen Sohn eindeutig dem Vater zuordnen, und ich gehe leer aus. Also sagen sie lieber, Maxi sehe aus wie ich.

Liebe Leute, ich weiß ganz gut, dass das nicht stimmt. Denn Maxi ist ein Junge. Und ich bin ein Huhn. Jungs haben nicht viel gemein mit Hühnern. Es mag sein, dass das ein oder andere Detail an ihm den Details an mir gleicht. Aber er sieht definitiv nicht offensichtlich aus wie ich. Nicht so jedenfalls, wie Linus meinem Mann gleicht.

Und das finde ich sehr ungerecht.

Ich hätte wirklich zu gerne gewusst, wie unsere Tochter ausgesehen hätte. Wäre sie eine Hühner-Miniaturausgabe? Oder würden die Leute in ihrem Gesicht Ähnlichkeiten mit meinem Mann finden?

Ich glaube, sie wäre blond. Weil alle in meiner kleinen Familie blond sind. Die Schweden kommen, sagt meine Schwester immer. Ja, vielleicht würden wir uns wirklich gut in Schweden einfügen, fehlt nur noch das Schwedisch.

Die Familie meiner Schwester dagegen ist komplett dunkelhaarig. Und auch die Haut ist nicht ganz so hell wie unsere. Die Italo-Familie, wie ich sie nenne.

Die Gesetzmäßigkeit gibt also vor, dass unsere Tochter auch blond wäre. Mit blauen Augen. Denn wir alle haben auch blaue Augen. Und sicher wäre sie total süß. Und sicher hätte sie ihren eigenen Willen, was die Auswahl ihrer Kleidung anbelangt. Und sie würde mit pinken Barbies spielen und wahrscheinlich auch mit Polly Pocket. Und sie würde in der Schule nicht wie eine Sandschlange auf dem Boden herumkriechen, weil sie Mitleid mit der armen Lehrerin hätte. Oder würde sie das doch? Keine Ahnung, ich werde es leider nie erfahren... Oder zum Glück nicht.

Denn noch schlimmer als Sandschlangen finde ich Besserwisser. Und Mädchen sind unglaubliche Besserwisser. Die wissen einfach alles besser.

»Also Tante, Maxi sieht ja wirklich genauso aus wie du. Diese Augen. Ja, ganz sicher. Er kommt total nach dir.«

»Hmmm«, mache ich. »Ich weiß nicht.«

»Doch, Tante. Hundertprozentig. Wenn ich das doch sage. Ich kenn mich eben aus. Mit allem. Das weißt du doch. Und übrigens hast du da was in deinem Gesicht. Also, ich klecker ja schon lange nicht mehr.«

Hilfe! Wo sind meine beiden Sandschlangen? Hier ist jemand, der dringend erwürgt werden möchte!

Ich will doch nur spielen

Die Jungs wissen genau, die Welt ist hart. Da muss man kämpfen. Immer und überall. Auch mit Mama und Papa, aber vor allem mit dem eigenen Bruder.

Ich weiß genau, es ist wichtig für die Jungs, sich zu kloppen. Denn sie müssen sich ausprobieren. Dabei lernen sie auch, dass man nicht immer nur gewinnen kann.

Mein Mann weiß genau, ich hasse dieses Gekämpfe. Ich finde es scheußlich, nervenzehrend, zerstörerisch und sinnlos. Am liebsten würde ich den Jungs einen Anti-Kampf-Schalter einbauen, der es mir erlaubt, das wutentbrannte Gerangel von jetzt auf gleich zu beenden.

Leider gibt es so einen Schalter nicht. Deswegen muss ich mich damit auseinandersetzen, dass Jungs eben gerne immer kämpfen. Das hat was mit Rivalität zu tun, mit ständigem Gewinnenwollen.

Und tatsächlich liegt die Macht dann doch bei mir, zumindest dann, wenn wir beispielsweise ein Gesellschaftsspiel spielen.

Es heißt ja Gesellschafts-*Spiel*, Wikipedias Definition von Spiel:

Spiel ist eine Tätigkeitsform, Spielen eine Tätigkeit, die zum Vergnügen, zur Entspannung, allein aus Freude an ihrer Ausübung, aber auch als Beruf ausgeführt werden kann (Theaterspiel, Sportspiel, Violinspiel).

Nach Ansicht von Wikipedia sollte es also überaus friedlich dabei zugehen, wenn zwei kleine Jungs sich am Nachmittag mit ihrer Mama hinsetzen, um beispielsweise Uno zu spielen.

Was Wikipedia dabei aber völlig außer Acht lässt, ist, dass auch bei einem Spiel immer nur einer gewinnen kann. Einer ist der Erste, der Schnellste, der Beste.

Das kommt hin, solange ich mit nur einem der beiden spiele. Denn dann habe ich es in der Hand, meinen Sohn gewinnen zu lassen. Keine gute Idee ist es, pädagogisch wertvoll auch einmal selber gewinnen zu wollen. Das habe ich schnell gemerkt und genauso schnell wieder darauf verzichtet und erfreue mich so nach jedem Spiel an dem großartigen Freudentanz meines siegreichen Sohnes, mit welchem er meiner Niederlage huldigt. Der Friede ist gewahrt. Das ist das Wichtigste.

Diese Strategie geht aber natürlich nicht auf, sobald beide Jungs an dem Spiel beteiligt sind. Für diesen Fall sollte Wikipedia seine Definition noch einmal überarbeiten. Denn ein Spiel zu dritt bedeutet Kampf auf der ganzen Linie. Da gibt es keine zweiten oder dritten Gewinner, nein, nur den einen, den großartigen, den mächtigen Champion of the Universe. Und der feiert sich natürlich so ausgiebig, dass der andere, also der Verlierer, vor Wut nicht nur auf den Sieger eindrischt, sondern auch gleich das blöde Spiel, das ja eindeutig gemeinsam mit dem Bruder die Schuld an der eigenen Niederlage trägt, komplett zerstört. Vernichtet wird es, zertrampelt, dem Erdboden gleichgemacht.

Und wozu das Ganze? Ja, das habe ich mich schon oft gefragt und dann irgendwo gelesen, dass die Jungs rivalisieren.

Um die Gunst der Mutter nämlich.

Also um meine Gunst.

Die Gunst der Mutter, die unbeteiligt in der letzten Ecke des Wohnzimmers hockt und ihre beiden wildgewordenen Söhne dabei beobachtet, wie sie sich gegenseitig zur Schnecke machen.

Wie kommen die Jungs darauf, dass sie genau dieses zerstörerische Theater in unserem Wohnzimmer meine Gunst erobern lässt? Wer hat ihnen diesen Schwachsinn eingeredet?

Da es darauf keine Antwort gibt, außer vielleicht mal wieder die Macht der männlichen Gene, gebe ich das dem Tode geweihte Spiel frei und überlasse den Kampfhähnen das Feld.

Bis Linus irgendwann zu mir kommt und mich mit zuckersüßer Stimme fragt, ob wir jetzt mal bitte *Zicke Zacke Hühnerkacke* spielen können. Von mir aus, denke ich, und hole das Spiel hervor. Im Geiste setze ich es auch gleich schon einmal auf meine Amazon-ich-ersetze-zerstörte-Spiele-Liste. Denn es wird nicht überleben. Glück für Amazon.

Jetzt hoffe ich nicht, dass »Spielen« à la Wikipedia zu den Berufswünschen meiner Jungs gehört. Denn welcher Arbeitgeber soll das bitte bezahlen? Da fällt mir wirklich nur noch einer ein: Amazon.

Ein Ball für alle Fälle

Jungs lieben Bälle. Sie brauchen sie zum Leben. Ohne geht es nicht. Dabei beschränkt sich dieses Ballbedürfnis zunächst noch auf körperunabhängige Bälle. Also solche, die herumliegen und mit denen man Fußball spielen kann. Oder Basketball, Tischtennis, Rugby, Hockey, was auch immer.

Wenn wir irgendwohin fahren, auf den Spielplatz oder in den Park zum Beispiel, dann müssen wir auf jeden Fall einen Ball mitnehmen. Nein, nicht einen, am besten gleich drei oder vier, und es ist wichtig, dass die Jungs den Ball schon unterwegs fest umklammert halten, sodass jeder sieht, dass wir auch wirklich mindestens einen Ball dabeihaben.

In der Schule war es für mich das Schlimmste, wenn wir im Sportunterricht Völkerball spielen mussten. An alle Sportlehrer: Mädchen hassen Völkerball. Jedenfalls die meisten. Ich war ballmäßig echt nicht auf der Höhe, fast würde ich es sogar eine Ballphobie nennen. Was bringt es, vor einem Ball davonzulaufen oder vielleicht sogar von ihm getroffen zu werden, und zwar mit so viel Schmackes, dass der Arm ganz rot davon wird und noch Stunden später schmerzhaft vor sich hin pulsiert?

Das ergibt doch keinen Sinn! Und hinter einem Ball herzulaufen ist ebenso wenig erfüllend, finde ich.

Auch meine Jungs werden in der Schule das Mädchen als Letzte wählen, das am schlechtesten werfen kann. Wären sie in meiner Klasse gewesen, sie hätten sicher mich zuletzt gewählt.

Doch jetzt bin ich ja eine coole Jungsmama. Das heißt, ich heiße die bei uns aufgelaufenen Bälle jeder Art aufs Herzlichste willkommen. Wenn sie nur so daliegen, ganz ruhig und rund, ist das auch kein Thema.

Aber dabei bleibt es ja nicht. Leider. Also werde ich des Öfteren in der Öffentlichkeit dabei gesehen, wie ich mit meinen Jungs Ballsport betreibe. Noch sind sie ja klein und wissen nicht, dass ich das eigentlich gar nicht kann. Noch finden sie es toll, wenn Mama sich todesmutig ins Tor schmeißt oder fleißig den Hockeyschläger schwingt. Doch irgendwann werden sie herausfinden, dass ich in alldem in Wirklichkeit eine wahre Niete bin. Und was dann? Ich kann nur hoffen, dass sie aufgrund meiner Ballunfähigkeit Mitleid mit den unsportlichen Mädchen in ihrer Klasse haben werden und sie mit allzu harten Würfen beim Völkerball verschonen. Dann hätte mein Einsatz am Ende doch einen Sinn gehabt.

Das neue Kellerkind

Jungs sind sehr musikalisch. Ja, wirklich. Das sind sie. Gut, ganz textsicher sind sie nicht, und auch die Melodie wird ziemlich abgewandelt, aber musikalisch sind sie schon. Irgendwie.

Es gibt immerhin eine Entwicklung. Als Linus kleiner war, also so mit zwei Jahren, habe ich es auf mich genommen und mit ihm einen Kurs für musikalische Früherziehung besucht. Er hatte mächtig Spaß, schließlich gab es dort eine megainteressante Türklinke und auch einen kleinen Freund, mit dem man prima hinter den Vorhängen Verstecken spielen konnte. Was natürlich eigentlich verboten war während der musikalischen Bemühungen unserer Lehrerin. Wie sich die anderen 15 Mamis, also die mit den Mädchen, sich in diesem Musikkurs gelangweilt haben müssen, unvorstellbar.

Mit Maxi habe ich diesen Kurs dann lieber ausgelassen, auch, weil die Lehrerin meinte, es sei vielleicht besser für ihre Vorhänge, wenn wir eine Weile aussetzen würden.

Doch jetzt sind die Jungs schon größer, und musikalische Früherziehung ist Pflicht. Ohne musikalische Vorbildung kann kein Kind überleben. So tönt es uns Mamis entgegen, und es wird dabei nicht zwischen Jungs- und Mädchenmama unterschieden.

Doch wo soll die Reise hingehen, die ja noch nicht einmal begonnen hat? Wie soll ich herausfinden, worauf die Jungs Lust haben?

Ich kann ja schlecht einfach ein riesiges Klavier anschaffen, für das unser Wohnzimmer komplett umgestaltet werden müsste. Zumal ich mich selbst als Kind auch nicht gerade mit musikalischem Ruhm bekleckert habe. Denn wer ein Instrument spielen möchte, muss darauf üben. Jeden Tag. Das ist das Problem. Jedenfalls war das mein Problem. Und wenn ich mir die Jungs so ansehe, glaube ich, es würde auch ihr Problem werden. Und damit dann wieder meines.

Also kein Klavier.

Was dann?

Eine Blockflöte ist zwar übersichtlich und wohl auch leicht erlernbar, kommt aber nicht in Frage. Niemals mache ich unsere Jungs zu solchen Blockflötenopfern, die unter dem Weihnachtsbaum ihre kläglichen drei schrägen Töne herausflöten müssen, um dann endlich ihre Geschenke auspacken zu dürfen. Das sollen mal schön die Mädchen übernehmen.

Und eine Gitarre? Ja, das wäre eine Idee. Obwohl, nee, da fallen mir gleich diese struppigen Zeltlagerjungs ein, die während des Zeltlagers den Mädels zum ersten Mal auffallen, weil sie am Lagerfeuer mächtig romantisch ihre Gitarre bezupfen. Nee, so sind unsere Jungs nicht. Keine knisternde Lagerfeuerromantik.

Sie sind eher wie Rambo. Draufgänger. Wild und ungestüm. Nicht zu bremsen. Impulsiv. Energisch.

Also schreibe ich jetzt gleich hin, was ich tief in meinem Inneren schon die ganze Zeit befürchte. Was ziemlich eindeutig an die Oberfläche drängt.

Das Rennen kann nur ein Instrument machen. Ganz klar.

Es ist: das Schlagzeug.

So schlimm das klingt – und es klingt wirklich wahnsinnig schlimm –, je länger ich darüber nachdenke, desto mehr freunde ich mich mit dem Gedanken an.

Denn das Schlagzeug hat einen ganz klaren Vorteil.

Ganz anders als zum Beispiel eine Geige. Geige wäre zum Glück das absolute Anti-Instrument unserer Söhne. Die wäre nach einmal Streichen kaputt. Der Bogen 'ne Knarre, die Saiten zerrissen, die Geige an der nächsten Wand zerschmettert, einfach hinüber.

Besser so, weiß ich, denn wenn das eigene Kind die Geige wählt, kannst du gleich einen Termin beim Psychiater vereinbaren. Das dringt durch. Überall hindurch. Trommelfell adé. Nerven adé. Und auch Schlaf adé. Denn diese Töne vergisst du nie wieder, sie verfolgen dich im Traum, wenn man das, was das Kind anfänglich aus so einer Geige herausholt, überhaupt als Töne bezeichnen kann. Ist eher eine moderne Mami-Foltermethode.

Nee, da ist das Schlagzeug deutlich praktischer.

Denn: Das Schlagzeug steht im Keller. Dort, wo niemand es hören kann, außer der kleine Trommler selbst. Und vielleicht sein nervenstarker Lehrer. Denn ich kann ja kein Schlagzeug spielen. Muss also jemand anderes unseren Söhnen dieses wunderbare Instrument näherbringen. Irgendwann. In hoffentlich ferner Zukunft. In wahrscheinlich sehr ferner Zukunft.

Denn plötzlich fällt mir ein, dass ich vorher ja noch dringend im Keller aufräumen muss. Um Platz zu schaffen für unser neues Kellerkind. Und das kann dauern. Jahre.

Sarfe Sähne

Maxi liebt Tiere. Das ist schön, und das werde ich auf jeden Fall fördern. Doch seit einiger Zeit entwickelt sich seine Tierliebe in eine in meinen Augen völlig falsche Richtung.

Denn plötzlich findet er nur noch spezielle Tiere gut. Nämlich solche mit besonders »sarfen Sähnen«.

Da gibt es jetzt einen Kampftiger und eine Riesenspinne, der T-Rex darf nicht fehlen, und auch die Drachen des großen Bruders schaffen es langsam, aber sicher in Maxis Zimmer, das bis jetzt nur von harmlosen Kätzchen und Co. bevölkert wurde.

Was soll das? Muss denn immer alles grob und gefährlich sein? Nein, das ist nur eine Phase, denke ich, das geht vorbei, und sammele noch schnell das Duplo-Kroko ein, in dessen Maul ein Gummipferd steckt.

Doch es soll nicht dabei bleiben. Heute bringen die Jungs so ein Kindergartenfreundebuch mit nach Hause. Beide dürfen sich darin verewigen, was mich sofort in Alarmbereitschaft versetzt, denn natürlich fehlen mal wieder Bilder von unseren Jungs, die man in unendlichen Mengen zu Hause horten sollte, um sie jederzeit in die unzähligen Freundebücher einkleben zu können.

»Schaffst du das bis morgen? Es müssen noch soooo viele andere Kinder reinschreiben.«

»Ja klar, für Supermami doch gar kein Problem!«

Doch in Wirklichkeit ist es sehr wohl ein Problem. Denn die Jungs können ja noch nicht schreiben, nur vielleicht in das für schöne Gemälde vorgesehene Feld etwas reinkritzeln.

Und so verbringe ich meinen Abend damit, den Steckbrief meiner Jungs einzutragen, natürlich in bunten Farben, das Ergebnis soll ja auch was hermachen.

Bei Lieblingstier stocke ich. Ich brauche die Hilfe der Jungs. Sie sind zum Glück noch wach.

»Linus?«

»Ja?«

»Was ist dein Lieblingstier?«

»Schlange«, kommt es wie aus der Pistole geschossen.

Schlange, schreibe ich in Rot auf die Linie. Ist ja auch wirklich ein nettes Tierchen, sehr gefragt als Lieblingstier.

»Und Maxi, was ist dein Lieblingstier?«

»Hai«, sagt Maxi. »Weil der hat sarfe Sähne.«

»Geht klar«, antworte ich, und schreibe in hellem Grün das Wort »Pony« auf die Linie. Ein bisschen schummeln wird doch wohl erlaubt sein…

Superhelden unter sich

Jungs machen gerne Blödsinn. Blödsinn hält jung. Blödsinn ist wichtig, auch für Erwachsene, finde ich, und füge mich nahtlos in diese verrückte Welt ein.

Jungs machen nicht nur Blödsinn, sie reden auch oft Blödsinn. Und dann bin ich raus.

Es ist bewiesen, dass Zwillinge sogar ihre eigene Sprache entwickeln. Eine Geheimsprache. Sie unterhalten sich, verständigen sich, verabreden sich, um noch mehr Blödsinn machen zu können, ohne dass ihre Mami vorher Lunte riecht.

Ich behaupte, dass auch Nicht-Zwillinge ihre eigene Sprache haben. Brüder beschränken ihre interne Kommunikation dabei auf das Nötigste.

Lautes Gerumpel im Kinderzimmer. Aha. Die Jungs spielen zusammen. Toll, denke ich, und halte inne, um dem wilden Treiben zu lauschen.

»Hmmpff«, macht Maxi.

»Hä?«, höre ich Linus.

Und dann kichern die zwei. Vielleicht hecken die was aus?

»Heeeeeaaaaaaaaaa!« Maxis Stimmchen.

Dann Linus:

»Hüh, hüh, hüh, buff!«

Es folgt ein Knall.

Dann wieder Maxi:

»Bing, bang, bong!«

»Uuuuaaaateng!«

»Chabong!«

Aha. Das war: Kampfchinesisch, denke ich, und überlasse den dem Tod geweihten Ritter seinen Feinden.

Manchmal werden Jungsmamas aber auch in überaus wichtige Gespräche mit einbezogen. Und zwar dann, wenn Jungs den Rat eines weisen Erwachsenen brauchen.

»Mama?«

»Ja?«

»Wer würde gewinnen: Batman, Spiderman, Superman oder Papa?«

Diese Frage stellt mich vor ein Problem. Jedenfalls dann, wenn nicht nur die beiden Gesichter meiner Söhne zu mir hochsehen, sondern auch mein Mann im gleichen Moment erwartungsvoll von seiner Zeitung aufschaut.

»Papa«, sage ich, so entschieden wie möglich. Ein Lächeln von rechts. Tumulte zu meinen Füßen.

»Nein! Das stimmt nicht! Das kann nicht sein!«, ruft Linus.

»Warum nicht?«, frage ich.

»Papa hat keine Superkräfte!«

»Hmmm«, mache ich. Da ist was dran.

Stirnrunzeln im rechten Block.

»Stimmt.« Jetzt schaltet sich auch Maxi ein. »Papa kann nis mit den Augen funkeln.«

»Genau!«, ruft Linus. »Papa kann nicht mit Spinnweben über Häuser wegfliegen, und er kann auch sonst überhaupt nicht fliegen.«

Ja, denke ich, das ist richtig. So was kann Papa nicht. Die Blicke meines Mannes bohren sich in meinen Rücken. Vielleicht kann er doch mit den Augen funkeln?

Ich überlege fieberhaft, wie ich aus dieser Nummer wieder herauskommen soll.

»Und Papa sieht auch nicht aus wie Batman!«, schreit Linus heraus. Mein Ältester ist heute wohl gar nicht einverstanden mit der Einschätzung der sonst so schlauen, weisen Frau.

»Na ja, manchmal hat er schon Ähnlichkeit mit Batman«, lautet mein Beschwichtigungsversuch.

»Neeee!« Maxi geht rüber zu Papa und zupft an dessen Pullover. »Der sieht nis so aus, weil er hat gar keine Flügel!«

Beide Jungs sind jetzt stinksauer. Die weise Rätin hat versagt. Jetzt muss mir aber ganz schnell was einfallen. Schließlich habe ich einen Ruf zu verlieren.

»Doch, Jungs, ich bin mir ganz sicher. Papa hat Superkräfte.«

Alle starren mich an.

»Und zwar kann er den Abendbrottisch abräumen, die Spülmaschine ausräumen und dann wieder einräumen, und das alles, ohne vom Tisch aufzustehen. Also einfach durch die Kraft seiner machtvollen Gedanken«, hauche ich geheimnisvoll in die Stille hinein.

Große Augen überall. Sechs Stück.

»Und das alles schafft Superpapa, während wir uns die Zähne putzen. Also innerhalb von zehn Minuten. Los geht's!«, rufe ich und schiebe meine Jungs in Richtung Bad.

Howgh, ich habe gesprochen.

Ich wär dann mal weg

Der Drang von kleinen Jungs, den Helden zu markieren, zeigt sich auch in ihrem Spiel. Kinder lieben Rollenspiele, und auch meine Jungs sind sofort Feuer und Flamme, wenn es darum geht, sich zu verkleiden und andere Identitäten anzunehmen.

Manchmal werde ich aufgefordert, mir ebenfalls eine solche Rolle auszuwählen.

»Mama, sau mal, wer von denen möchtest du sein?«

Maxi hält mir sein Dino-Stickerheft unter die Nase. Es gibt einen riesigen T-Rex, einen grünen Stegosaurus und so eine komische Ratte mit riesigen Zähnen à la Ice-Age zur Auswahl.

»Der da«, sage ich, und zeige auf den T-Rex.

»Neee, Mama, das geht leider nis. Der bin is son.«

Mitleidig schaut Maxi zu mir auf.

»Na gut«, sage ich und zeige auf den Stegosaurus. Ich will ja kein Spielverderber sein. »Dann bin ich eben der da.«

»Neeee, das geht auch nis«, wendet Maxi ein. »Der ist schon Linus.«

»Aha«, sage ich und tue mir nur ein bisschen leid. »Dann…«, ich zögere. Die bescheuerte Maus sieht aus dem Buch schadenfroh zu mir auf. Trotzdem zeige ich widerstrebend darauf. »Dann bin ich eben die hier.«

»Okay«, strahlt Maxi, zieht den T-Rex-Aufkleber ab und klebt ihn einfach über die Maus drüber. Also über mich.

»Hey, was soll das denn jetzt?«, frage ich.

»Entsuldigung, aber der Tyrosaurus hat dis gerade gefressen. Der hat nämlich sarfe Sähne, weißt du?«

Ja, die Jungs wollen immer die Starken sein. Da hast du als Mama verloren.

Anders aber, wenn wir Mädchenbesuch haben. Keine Ahnung, wie das kommt, aber die Mädchen geben dann den Ton an. Und die Jungs kuschen. Immer.

Plötzlich ist nichts mehr mit »sarfen Sähnen«, nein, die Herren lassen sich zu absolut niederen Gestalten herabwürdigen.

Oder wer möchte freiwillig den Kleinen Onkel spielen, wenn doch auch die Rolle der Pippi zu vergeben ist? Oder zumindest die von Annika oder Tommy?

Nein, meine Patentochter schafft es, dass unsere beiden wilden Kerle wie bescheuert über den Boden krabbeln, streng den Befehlen ihrer kleinen Aufseherin folgend, natürlich.

Pippi hat das Sagen. Sie ist die Stärkste. Absolut und unwiderruflich.

Die Jungs sind sich noch nicht mal zu schade dafür, sich wie kleine Babys auf den Boden zu werfen und so zu tun, als würden sie mit einem Fläschchen gefüttert, wenn ihre strenge vierjährige Gebieterin es befiehlt.

Unglaublich, finde ich, und überlege, ob ich einschreiten soll, den Jungs zur Hilfe eilen gegen diese mächtige Befehlshaberin. Ich will schließlich nicht, dass sie sich so zum Horst machen lassen!

Doch dann kommt mir der Gedanke, dass dies der Ursprung sein könnte. Die Geburtsstunde der Frauenbewegung. Denn ist es nicht so, dass in den meisten modernen Haushalten die Frau die Hosen anhat? Gibt sie nicht meist die Richtung vor, sagt, wo es langgeht?

Ja, so ist es, denke ich, während der Kleine Onkel in unserem Wohnzimmer fleißig mit den Hufen scharrt. Das muss so sein. Denn was würde wohl geschehen, wenn die Jungs sich widersetzten?

Oh, das wäre wider die Mädchennatur, das wäre auch für mich die reinste Katastrophe. Unser Mädchenbesuch würde ausrasten, entsetzt über das Aufbegehren ihrer Untergebenen, und dann die schlimmste, unglaublichste und grausamste Strafe erdenken, die ihr in den Sinn kommt. Sie wäre: beleidigt.

Für immer nicht mehr die Freundin meiner Jungs. Sie würde sie von all ihren zukünftigen Geburtstagen ausladen und dann, nachdem sie all das verkündet hätte, würde sie in Tränen ausbrechen. Bitterliche, saure Tränen, die sich drei Wochen lang nicht mehr trocknen ließen.

Vor diesem grausigen Horrorszenario zurückschreckend entschließe ich mich also spontan, nicht einzugreifen. Denn es ist nicht pure Unterwürfigkeit, die

die Jungs sich da gerade geben, sondern es ist in Wirklichkeit Cleverness. Jungs wissen eben schon früh, wie man die Frauen kriegt. Sie glücklich macht, sie in dem Glauben belässt, einzigartig und unumstößlich zu sein. Meine Patentochter, die vermeintliche Göttin. Ja, so ist es.

Mein Mann staunt nicht schlecht, als ich ihn später anrufe und mitteile, dass ich ja bald Geburtstag habe und mir von ihm ein großes Dino-Stickerheft wünsche, und zwar nur für mich alleine. Obwohl – vielleicht darf mein Mann sich darin auch eine Figur aussuchen. Und welche das ist, das entscheide ich.

Pinocchio hat kurze Beine

Jungs sagen immer die Wahrheit. Das heißt nicht, dass sie nie lügen. Ganz im Gegenteil. Sie machen sogar Pinocchio Konkurrenz. Man sieht es ihnen nämlich an.

»Linus, hast du dir die Zähne geputzt?«

»Ja, hab ich«, antwortet Linus und wagt es dabei nicht, mir ins Gesicht zu sehen. Denn er weiß: Mama ist der Lügendetektor schlechthin. Und schon bin ich ganz sicher, dass mein Sohn noch nicht einmal ansatzweise auch nur in die Nähe der Zahnbürste gelangt ist.

Ein anderes Indiz ist der Auftritt des wunderbaren Honigkuchenpferdes, das mich anstrahlt, sobald es mir besonders frech ins Gesicht gelogen hat.

Da wird gegrinst, von einem Ohr bis zum anderen, eine lange Nase ist da völlig überflüssig.

Und diese fröhlich-freche Schummelei hat auch noch für sich, dass ich – schwuppdiwupp – gar nicht mehr böse sein kann auf meinen kleinen Lügenbold, und das, obwohl mein Auftrag offensichtlich nicht im Entferntesten ernst genommen wurde. Wer kann schon solch blitzenden Kinderaugen widerstehen?

Nein, lügen können Jungs nicht. Und sie lernen es auch nicht mehr in ihrem noch bevorstehenden Leben.

Frauen dagegen sind großartige Lügnerinnen. Es braucht viel Geschick und Einfallsreichtum, um sein Gegenüber erfolgreich zu täuschen. Da werden ganze Handlungsstränge erfunden, Abläufe, die sie sich unmöglich hat ausdenken können in der kurzen Zeitspanne. Muss was Wahres dran sein, denkt ihr Gegenüber, und geht von entrüstetem Kopfschütteln zu verständigem Nicken über.

Kleine Mädchen üben bereits für die Meisterklasse im Flunkern, die sie als erwachsene Frau zu erreichen gedenken.

»Ja, ich habe mir die Zähne geputzt. Ich weiß doch, dass Karius und Baktus sonst meine wunderschönen Zähne kaputtmachen würden. Schau, die Zahnbürste ist auch noch ganz nass. Aber du könntest wirklich mal eine andere Zahnpasta kaufen, diese hier schmeckt widerlich künstlich. Gar nicht lecker. Und jetzt lass mich bitte in Ruhe, ich habe noch zu tun.«

Und das alles, ohne mit der Wimper zu zucken, ganz ernst und sachlich. So überzeugend, dass ich selbst anfange, an meinem eigenen Verstand zu zweifeln. War meine Patentochter nicht die ganze Zeit über in Linus' Zimmer und hat dort mit ihrer Puppe gespielt? Habe ich tatsächlich nicht mitbekommen, dass sie ins Bad gegangen ist, also an mir vorbei, und sich wie besprochen dort die Zähne geputzt hat? Mann, Mann, Mann, ich werde auch nicht jünger! Jetzt bezichtige ich schon unschuldige kleine Mädchen der Lüge! Muss dringend mehr schlafen, mich ausruhen, meinen Geist beisammenhalten.

»In Ordnung. Dann spiel schön weiter. Tut mir leid, dass ich dir nicht geglaubt habe«, sage ich kleinlaut.

Gönnerhaft entgegnet meine Nichte: »Macht ja nichts. Beim nächsten Mal glaubst du mir aber dann besser mal.«

Nein, da sind mir die Jungs schon lieber. Die sind ehrlich, direkt, gar nicht hinterhältig. Da weißt du immer, woran du bist. Die ungeschminkte Wahrheit.

»Puh, Maxi, hast du die Windel voll? Hier stinkt's ganz eklig!«, sage ich.

»Und du bist alt und hast Falten!«, schallt es zurück.

Wir sind quitt. Für heute. Mal sehen, was ich morgen so alles über mich erfahren werde. Ich bin sehr gespannt!

Wer hat Angst vorm Klo?

So mutig und heldenhaft sich kleine Jungs am Tag geben, so ängstlich sind sie dann am Abend, wenn es draußen langsam dunkel wird.

Es ist jetzt nicht so, dass wir uns aus dem West- in den Ostflügel begeben müssten, wenn wir beispielsweise vom Kinderzimmer ins Bad gehen. Und die Toilette liegt auch nicht am anderen Ende der Straße, sondern gleich zwei Meter neben dem Waschbecken. Trotzdem scheinen diese Strecken abends unüberwindbar zu sein für die Jungs. Es könnten sich ja Räuber hinter der nächsten Ecke verbergen, oder gleich Gespenster und böse Hexen.

Wie diese Gestalten zu uns reingekommen sein sollen, ohne dass wir es bemerkt hätten, weiß ich nicht, denn es gibt nur einen Eingang. Durch die Fenster wäre bei der Höhe ziemlich halsbrecherisch, das wissen auch unsere Jungs.

Und trotzdem glauben sie an Schreckgespenster jeder Art, sobald es dämmert. Dann gehen sie keinen einzigen Schritt mehr alleine. Mama muss mit. Überallhin. Eigentlich gehen sie dann überhaupt nicht mehr selber, sondern sie kleben an meinen Beinen und lassen sich von mir durch die Wohnung schleifen. Mami macht Workout, die Jungs sind in Sicherheit. Mehr Win-win geht nicht.

Die Jungs wissen ja nicht, dass auch Jungsmamas in Wirklichkeit kleine Schissbüchsen sind. Als kleines Mädchen war ich ein Angsthase, bin es immer noch, ich kann das also gut nachempfinden. Nur habe ich tagsüber auch nicht so den Starken markiert, wie Jungs jeden Alters das ständig machen.

Trotzdem ist es wichtig, dass ich mir nicht die Blöße gebe. Die Jungs sollen nicht merken, dass ich selbst auch ängstlich bin und es gar nicht mag, wenn einer der beiden plötzlich innehält und mit vor Schreck weit aufgerissenen Augen flüstert:

»Pssst, Mama. Da hat was geknackt. Da ist wer.«

Sofort bescheren mir solche Feststellungen eine großflächige Gänsehaut.

Das lasse ich mir aber nicht anmerken. Denn wenn die Jungs sehen, dass ich das Knacken auch unheimlich finde, dann bekommen sie noch mehr Angst, was mir dann wieder Angst macht, und so weiter und so fort, bis alle in blanker Panik schreiend durch die Wohnung rennen.

Also bleibe ich nach außen hin ganz ruhig und gelassen und sage:

»Ach, das war nichts, das war nur die Lampe.«

Unsere Lampe knackt ziemlich oft. Verdächtig oft, wie ich finde. Auf keinen Fall aber gehe ich nachsehen.

Wie bescheuert sind die Frauen in den Horrorfilmen

bitte, wenn sie nachts aufstehen und nachsehen, woher das komische Geräusch bloß kommt. Ist doch klar, dass das der schaurige, maskierte Axtmörder ist, der gerade im Haus herumschleicht, Mann!

Und so ist es mir eigentlich ganz recht, dass die Jungs abends immer an mir drankleben wie kleine lästige Zecken. So bin ich nicht alleine, wenn dann irgendwo wirklich mal ein Räuber auftaucht.

Irgendwie muss ich den Jungs aber noch verklickern, dass sie mit ihren großartigen Ninja-Fähigkeiten es sind, die uns in so einem Fall verteidigen müssten.

Denn Mami würde sich auf der Stelle in eine ausgiebige Ohnmacht verabschieden. Im Ernstfall, glaube ich, würden die Jungs tatsächlich gewinnen. Denn wer seine Mama so oft zur Strecke gebracht hat, für den ist so ein kleiner Einbrecher doch ein Klacks, nicht wahr?

Gar nicht prickelnd

Als Linus noch kleiner war, wurde ich einmal zu einem Gespräch in die Krippe gebeten. Es bestehe die Annahme, dass Linus nicht gut höre. Also nicht in dem Sinne, dass er ungehorsam sei, sondern so, dass vielleicht mit seinen Ohren etwas nicht stimme.

Ich ging also zu diesem Gespräch mit den Erzieherinnen. Dort erfuhr ich, dass Linus oft abgelenkt sei. Er konzentriere sich nicht auf seine Aufgabe und könne offensichtlich das Treiben um ihn herum nicht richtig ausblenden.

Woran die Erzieherinnen das denn festmachen würden, fragte ich. Immerhin war Linus da erst zweieinhalb Jahre alt, in dem Alter finde ich es nicht ungewöhnlich, dass ein Kind sich leicht ablenken lässt.

»Na ja, er ist beim Prickeln immer so unaufmerksam.«

Das war es, was die Erzieherinnen mir mitteilten. Beim Prickeln. Mein Sohn ist unaufmerksam beim Prickeln.

Nun weiß vielleicht nicht jeder, was Prickeln überhaupt ist, und ich wusste es auch nicht, bis Linus in die Krippe kam. Prickeln ist, wenn man mit einer stumpfen Nadel entlang einer vorgegebenen Linie ein Objekt aus

Tonpapier aussticht. Wozu um Himmels willen soll das gut sein? Ich finde, das ist die langweiligste Tätigkeit, die es überhaupt gibt. Das dauert ewig, bis der Pilz endlich ausgestochen ist, tausende von Prickelstichen sind dafür nötig. Weshalb muss Linus das können? Und: Wie kommen die Erzieherinnen darauf, dass auch nur ein einziger normaler Mensch sich auf diese Tätigkeit konzentrieren kann, oder besser noch, dass er sich überhaupt darauf konzentrieren will?

Und das für einen Jungen, einen lebhaften, quirligen kleinen Kerl, der sich noch nicht einmal für den abgebildeten Pilz interessieren würde, wenn er echt wäre. Meine Gedanken habe ich den Erzieherinnen nicht mitgeteilt. Das habe ich mich nicht getraut. Doch jetzt tue ich es: Prickeln ist Mädchenkram. Wenn überhaupt. Es ist jedenfalls nichts für Jungs. Gar nicht prickelnd. Es ist sogar Jungsquälerei, so sehe ich das.

Ich bin trotzdem mit Linus zum Ohrenarzt gegangen, zur Sicherheit. Und natürlich war mit seinen Ohren alles in Ordnung.

Und jetzt, liebe Männer, ein Appell an euch: Bitte werdet Erzieher, geht in die Krippen, Kindergärten und Schulen, damit Jungs und auch Mädchen die Chance haben, andere Spiele und andere Vorbilder kennenzulernen und es nicht überall an jeder Ecke immer nur mit Frauen zu tun zu haben, die meinen, jedes Kind müsse prickeln können. Danke sehr.

Hund, Katze, aus

Stadt und Tier, das passt nicht zusammen, finde ich. Die Jungs sehen das anders.

Noch sind die zwei klein, doch die Frage nach einem Haustier wird trotzdem jetzt schon immer drängender. Ich kann das gut verstehen, ich mag Tiere und hatte selbst als Kind auch welche. Nur eben draußen auf dem Land, nicht in einer Stadtwohnung im dritten Stock.

Trotzdem nehme ich ihren Wunsch nach einem Tier ernst und überlege fieberhaft, in welche Richtung das realistischerweise gehen könnte.

Alle Kinder lieben Hunde. Und es gibt auch viele Menschen, die Hunde halten, auch in der Stadt.

Ich gehöre nicht dazu. Denn ich bin eine Jungsmama. Jungsmamas haben kleine Jungs, die ständig und bei jedem Wetter rausmüssen, wir brauchen nicht noch einen Hund, der die gleichen Ansprüche stellt. Obwohl, was das Rausgehen anbelangt, ließe sich das noch gut kombinieren. Doch Hunde machen zusätzlich Dreck und sind laut. Gut, Kinder auch, aber sie haaren normalerweise nicht alles voll, sie sabbern nicht, kauen mit zunehmendem Alter nicht mehr am Sofa, und sie stinken auch nicht, wenn es draußen regnet. Und Kinder hören zudem irgendwann auf, in die Windel zu machen. Hunde dagegen kacken für immer auf die Straße. Und ich muss das dann wegmachen. Nein, danke. Nicht für mich.

Immerhin ist es nicht gleich ein ganzes Pferd, das von den Jungs favorisiert wird. Nein, Pferde stehen bei kleinen Jungs nicht so hoch im Kurs.

Bei kleinen Mädchen dagegen poppt der Pferdewunsch unvermeidlich irgendwann auf. Auf einmal ist er da. Die kleine, gestern noch ganz normale Tochter wacht morgens mit strahlenden Augen auf und verkündet ganz verklärt, dass sie sich ab sofort für immer und bei jeder Gelegenheit ein eigenes Pferd wünscht. Und dann steckt sie ihre Freundinnen mit diesem Vorhaben an, und die wiederum stecken ihre Freundinnen an, und dann macht dieser Herzenswunsch epedemieartig die Runde unter allen Mädchen ab ungefähr fünf Jahren. Zum Leidwesen ihrer geplagten Eltern.

Diesen Wunsch nach einem eigenen Pferd kann ich gut nachvollziehen. Ich war selber so eine, und Pferde sind wirklich toll. Man hält sie nicht in der Wohnung, sondern im weit weg irgendwo in der Pampa gelegenen Stall. Mädchen wachsen meiner Meinung nach am Umgang mit dem Pferd, sie sind ständig draußen in der Natur und finden dazu noch neue Pferdeverbündete.

Doch sie reden dann auch nur noch von Pferden, sie fahren in Pferdeferien, laufen in Reithosen rum und spielen Pferd mit ihren Freundinnen. Sie hassen Jungs, die mit Stolz behaupten, zum Frühstück immer ganz viel Pferdewurst zu verspeisen, und sparen jeden Cent für eine Tüte Pferdeleckerli.

Das alles ist toll, nur leider ist es nichts für Jungs. Gut, es gibt auch ein paar wenige pferdebegeisterte Jungs, die dann vereinzelt in den Ställen herumgeistern und in die jedes Pferdemädchen sofort verknallt ist, weil er ja nun einmal eben das einzige vorhandene männliche Wesen in diesem Pferdestall ist. Und die Verknüpfung von sportlichem Hobby und Haustierhaltung finde ich eigentlich auch nicht schlecht.

Aber wie gesagt, meine Jungs gehören nicht zu der pferdebegeisterten Sorte. Das Pferd wird also jetzt sofort ebenfalls von meiner Liste gestrichen.

Eine Katze dagegen fände ich großartig. Katzen sind überschaubar groß, selbständig, sauber, eigenbrötlerisch und machen ausschließlich in Nachbars Garten. Nur sind Katzen von Natur aus Freigänger. Nichts für eine hoch gelegene Stadtwohnung.

Bleiben also die üblichen Verdächtigen. Kleintiere. Hamster, Meerschweinchen, Hasen.

Hasen brauchen einen Rasen. Die scheiden also auch aus. Außerdem haben wir Allergiker hier, die würden an den Hasenhaaren ersticken, und ein Mörderhase hat mir gerade noch gefehlt.

Meerschweinchen quieken die ganze Zeit so laut, dass sie Gefahr laufen, irgendwann durch die Tür oder das Fenster wieder abgeschafft zu werden. Und ich bin alles andere, nur kein Tierquäler. Keine Meerschweine also.

Aber ein Hamster. Der ist klein. Und ruhig. Und nachtaktiv. Wenn er bei Kindern wohnt, ist das clever. Kinder wissen, dass Schlafende nicht gestört werden sollten. Hamster sind auch niedlich. Und kuschelig. Nur leider leben Hamster nicht sehr lange. Das weiß ich aus eigener Erfahrung. Und ich bin wirklich untröstlich, wenn so ein Tierchen plötzlich von uns geht. War ja schließlich ein Familienmitglied. Die Trauer möchte ich den Jungs gerne ersparen. Und außerdem genießen wir es sehr, dass die Kinder endlich durchschlafen, da brauchen wir nicht einen des Nachts wie wahnsinnig in seinem Rädchen dahinrasenden Hamster. Deswegen scheidet auch der Hamster leider als unser mögliches Haustier aus.

Wie wäre es dann mit Fischen? Die haaren nicht, stinken nicht und machen auch nichts kaputt. Aber man muss ständig das Aquarium reinigen. Außerdem tun sie mir leid, wenn sie immer nur im Kreis herumschwimmen können. Ohne Abwechslung. Nein, Fische wären zu langweilig. Nichts zum Kuscheln. Nicht geeignet für Jungs.

Also fangen wir wieder von vorne an mit unserer Überlegung.

Sind die Jungs überhaupt schon bereit für ein Haustier? Das will schließlich gehegt und gepflegt werden. Von seinen Besitzern, also von den Jungs. Ich muss unbedingt testen, ob das klappen kann. Und zwar, bevor wir uns ein lebendiges Haustier anschaffen. Also erstehe ich so eine Art Tamagotchi-App und verkaufe meinen Jungs das Viech, das darin vorkommt, als unser neues Haustier Rudi.

Rudi wird zwei Stunden lang wahnsinnig intensiv umsorgt, keine Futteranfrage und kein gemachter Haufen bleiben unbemerkt. Bis die Dinosammlung der Jungs ihre ganze Aufmerksamkeit fordert. Zwei weitere Stunden später stirbt Rudi einen einsamen, digitalen Tamagotchi-Tod. Umringt von tausend Haufen und halbverhungert liegt er da, der Arme. Mit Mühe verkneife ich mir die Träne, die sich gerade in meinem linken Auge breitmacht.

Nein, die Jungs sind nicht bereit für ein richtiges, lebendiges Haustier.

Jedenfalls so lange nicht, bis ich meine schwarze Ich-trauere-um-Rudi-Tracht wieder abgelegt habe und wieder vollen Mutes bin für einen neuen Versuch. Für einen neuen Rudi. Den digitalen Dieter. Und wenn der es nicht bringt, gibt's den digitalen Manfred, Otto, James, Joey...

Strandurlaub

Von allen Urlauben ist der Urlaub am Strand mit Kindern der entspannteste. Wasser ist der Hit, egal, wie kalt, die Jungs sind auf jeden Fall drin. Und Wasser macht müde. Sand auch. Jedenfalls, wenn man darin ausgiebig Fußball spielt. Und die Jungs spielen ständig Fußball am Strand.

Strand bedeutet Action. Rennen, toben, baden, rennen, toben, mit Papa kämpfen.

Und ich bin raus. Das Privileg aller Jungsmamas, der Strand. Ich huldige dem Strand. Rauf aufs Handtuch, raus das Buch, herrlich.

Papa ist der Held der Stunde. Er ist fit, er möchte sich bewegen, hat sonst immer nur im Büro gesessen, er ist euer Mann. Also dann, los mit euch, bis in fünf Stunden.

Während ich also so daliege, beobachte ich auch gerne meine Umgebung.

Und sehe andere Kinder, die in weiter Ferne, also weit weg von den herumliegenden Jungsmamas, ihre Papis durch die Gegend scheuchen.

Und ich sehe auch Mädchenmamas. Die liegen nicht herum und lesen, nein, die laufen zur Höchstform auf. Ausnahmsweise werden sie gerade hier, an meinem

Mekka der Ruhe, zu viel beschäftigten Spielgefährten und Baumeistern.

»Und jetzt müssen wir Muscheln sammeln. Als Deko für das Prinzessinnenschloss.«

Das kleine blonde Mädchen zieht ihre genervte Mama am Arm hinter sich her, fröhlich den mit bunten Fischen bedruckten Eimer schwenkend.

Arme Mädchenmama, denke ich. Dabei ist es doch soooo gemütlich hier auf meinem Handtuch. Und außerdem: wozu die Mühe? Irgendwann kurz vor Abflug kehren meine Männer zurück an diesen Ort der Ruhe, und dann heißt es: Kommando »Mädchenburg einreißen«!

Doch ich halte mich bedeckt und lasse sie losziehen. Deko suchen. Das Prinzessinnenschloss soll ja auch was hermachen, wenn meine Jungs es später für sich erobern.

Ja, so ein Urlaub ist schon entspannend.

Bevor wir Kinder hatten, war der Urlaub sogar weniger entspannend für mich. Denn auch mein Mann als großgewordener Junge schafft es wie so viele andere Männer nicht, länger als eine halbe Stunde an einem Ort, sprich beispielsweise auf einer Sonnenliege, auszuharren.

Wir haben uns also ein gemütliches Plätzchen gesucht und fleißig unsere Handtücher ausgebreitet. Wir machen es uns auf unseren Liegen bequem, ich ziehe mein Buch hervor, beginne zu lesen.

Dann die erste Unterbrechung.

»Ganz schön heiß hier«, sagt mein Mann.

Noch ganz zuversichtlich lese ich einfach weiter.

»Sogar sehr heiß.« Gewühle auf der Liege nebenan, er springt auf, Neuarrangieren des Sonnenschirmes.

»Sag mal...«, jetzt wendet er sich direkt an mich. Ich sehe auf.

»Was denn?«

»Ich glaube, ich geh mal schwimmen.«

»Okay, gute Idee.«

Mein Mann springt erneut auf, ich finde die Stelle, wo ich aufgehört habe zu lesen. Und lese weiter.

Zehn Minuten später kommt er wieder.

»Ganz schön kalt, das Meer.«

»Hmmm«, mache ich, habe keine Lust, schon wieder den Faden zu verlieren.

Mein Mann legt sich wieder hin. Und ruschelt.

»Du?«

»Ja?«

Jetzt bin ich schon leicht genervt.

»Ich glaub, ich geh in den Pool.«

»Okay.« Ich nicke. Gute Idee!

»Kommst du mit?«

Und so ging das den ganzen Tag weiter. Hin und her, vor und zurück, erst Meer, dann Pool, dann Beachvolleyball, wieder schwimmen, dann Durst, dann Hunger und so weiter und so fort. Grauenhaft.

Und jetzt, welch göttlicher Zustand, beschäftigen sich die drei männlichen Familienmitglieder einfach miteinander. Und ich bin außen vor. Traumhaft.

Tatsächlich habe ich die Zeit gestoppt, wie lange die drei sich überhaupt in meiner Nähe, also dem Ort des Nasse-Klamotten-Ausziehens-und-trockene-Klamotten-wieder-Anziehens, aufhalten. Und zwar während eines Acht-Stunden-Tages.

Es sind genau 24 Minuten. Das ist Urlaub.

Muss das wirklich sein?

Jungs sind Naturburschen. Draußen ist alles. Ich mag Draußen, jedenfalls in der Stadt. Ich mag draußen Kaffee trinken, draußen essen, draußen joggen und draußen spazieren gehen.

Aber draußen schlafen? Warum sollte man so was tun? Noch dazu, wenn weit und breit kein Drinnen in Sicht ist? Ich spreche von solch zivilisierten Dingen wie einer Dusche oder einem Klo. Dinge, die für die zivilisierte, moderne Frau selbstverständlich sind. Warum sollte ein normaler Mensch auf so etwas verzichten wollen?

Ich bin selbst überrascht, aber ich werde es tun. Und es dauert gar nicht mehr so lange, bis es so weit ist. Ob es lange andauern wird, da bin ich hingegen noch nicht so sicher. Und ob ich es überleben werde auch nicht.

Denn wir haben entschieden, dass wir im nächsten Sommer campen gehen werden. Draußen. Mit Zelt. In der freien Natur. So haben wir es vereinbart. Wir alle. Auch ich. Nachdem ich überstimmt wurde.

Ich muss nicht bei Sinnen gewesen sein, vielleicht hat mein Mann mir vorher K.-o.-Tropfen verabreicht, zumindest war ich sturzbetrunken. Wie konnte ich dem nur zustimmen?

Jetzt habe ich den Salat. Alle freuen sich wahnsinnig auf diesen sogenannten Urlaub, da kann ich ihnen ja nicht den Spaß verderben, oder? Also halte ich mich bedeckt. Der Notleidende fantasiert und schweigt.

Ich sehe es schon vor mir. Das Zelt. Oder das Teil, das vorgibt, ein Zelt zu sein. Von außen klein, von innen eng. Und diese ewige Aufbauerei. Mein Mann kann nicht mal erfolgreich ein Billy-Regal zusammenschrauben, da werde ich ihm sicher nicht die Konstruktion unseres Schlafgemaches überlassen. Das bleibt also schon mal an mir hängen.

Und die Packerei davor. Ganz ehrlich, wie soll man den ganzen Kram raus in die Natur schaffen? Die Schlafsäcke allein füllen schon den ganzen Kofferraum.

Und dann die Ausräumerei nach der Ankunft. Überhaupt die ganze Räumerei währenddessen. Wo ist meine Hose? Wo ist Maxis Pulli? Wer hat Papis Kamm gesehen? Und wo kommen die ganzen Ameisen bloß her?

Und die Zusammenpackerei danach. Und die Wascherei zu Hause. Und die Rückenschmerzen.

Denn, hey, ich kenn mich aus. Auch ich habe schon mal gezeltet. Als ich ein kleines Mädchen war. Allerdings nur in sicheren Gefilden. Nämlich im Garten meiner Eltern. Mit Bad in Reichweite. Und mit Bett. Für den Notfall. Weil meine Mama Zelten nämlich hasst. Sie hat sich im Gegensatz zu mir also durchgesetzt, möchte man meinen.

Pah, von wegen.

Denn sie hatte damals nur einen Mann im Haus. Ich dagegen lebe in einem Männerhaushalt. Drei zu eins, du hast leider verloren.

Und weil ich mich eben damit auskenne, weiß ich, Luftmatratzen sind gar keine Luftmatratzen. Die tun nur so, als wären sie welche, solange man damit beschäftigt ist, sie aufzupumpen. Und erst, wenn man dann irgendwann endlich eingeschlafen ist, dann, ja dann entlassen sie ganz still und heimlich die hineingepumpte Luft in das stickige Innere des Zeltes. Damit man auch nach dem Zelten noch etwas von seinem Erlebnis hat.

Und dann gibt es da draußen Insekten. Und auch im Zelt gibt es Insekten. Denn die mögen es kuschelig. Und es gibt Gras. Und Dreck. Und Pfui. Und alles ist klamm. Und feucht. Und bäh.

Klar, ich verstehe, dass die Jungs begeistert sind. Es ist ein Abenteuer, draußen zu schlafen. Nicht zu duschen. Im Busch zu pinkeln. Dreckig zu sein.

Es ist nur eben nichts für ihre Mami. Und dass, obwohl ich eine Jungsmama bin. Die kann zwar einiges, was andere nicht können, aber das kann sie nicht. Aber sie muss trotzdem mit. Weil nur mit Papi würden sie draufgehen in der Wildnis, meine kleinen Jungs. Nachts ersticken, weil ihnen die Decke buchstäblich auf den Kopf gefallen ist, oder verhungern, weil Papi vergessen hat, dass es hier ja keinen Supermarkt gibt. Also dann, los geht's. Es lebe die Demokratie.

Ein Tag als Junge

Als Jungsmama ist es wichtig, sich bestmöglich in die Jungs hineinzuversetzen. Nur, wer weiß, wie sich was anfühlt, kann mitreden. Oder die Regeln ändern. Je nachdem.

Deswegen stelle ich mir manchmal vor, wie es wäre, ein kleiner Junge zu sein. Und das geht dann ungefähr so:

Ich wache morgens auf. Ich friere, weil ich ohne Decke daliege. Die Decke liegt auf dem Boden. Wie kommt sie nur dahin? Egal. Erstmal schauen, ob noch jemand wach ist. Schnell aus dem Bett hüpfen, dann Tür mit Schwung auf, dann den Flur runterrennen. Bloß keine Zeit verlieren, der Tag hat ja nur zwölf Stunden. Und ich muss mich dringend bewegen, sonst roste ich ein. Aha. Mama und Papa schlafen noch. Egal. Rein ins Schlafzimmer, Licht an, laut verkünden, dass ich schon wach bin und jetzt sofort riesigen Hunger verspüre. Auf dem Bett herumspringen, bis entweder Mama oder Papa sich erheben und mir ein Müsli machen.

Warum sehen die Erwachsenen morgens immer so bescheuert aus? Die haben Miniaugen, kann ich gar nicht verstehen. Habe ja soooo lange geschlafen und jetzt soooo viel Power. Ich springe an Mama hoch, während sie mein Müsli zubereitet. Soll ja auch anspruchsvoll sein, was sie tut.

Dann ist es endlich fertig. Ein Löffel, zwei Löffel, bin satt. Mama? Wo ist Mama? Ah, im Bad. Also ab ins Bad gejoggt. Oh, Papa ist ja auch da. Er ist in der Dusche. Gleich mal nachsehen, was er da so macht.

Ist langweilig. Was macht eigentlich mein kleiner Bruder? Der muss dringend geweckt werden. Also mit Gebrüll rüber in sein Zimmer rennen und ihn kneifen, bis er schreit. Warum schreit er bloß immer so? Das nervt mich als großen Bruder tierisch. Also wieder ins Bad gejoggt und bei Mama petzen, dass der kleine Bruder schreit. Wegen nichts. Dabei ziehe ich aus Langeweile alle Handtücher vom Haken, werfe den Zahnputzbecher um und stoße mir den Kopf an der Badewanne. Aua. Warum braucht Mama bloß so lange?

Durst, fällt mir ein, ich finde Papa immer noch in der Dusche und ziehe ihn da raus. Reicht jetzt auch mal. Mein Durst geht vor.

Ah, da kommt mein kleiner Bruder. Nicht, dass er auch Durst hat und dann noch vor mir was zu trinken bekommt. Ist mir doch zuerst eingefallen. Also schubse ich ihn zur Seite. Der schreit schon wieder und haut nach mir. Das geht ja gar nicht. Also haue ich zurück. Papa trennt uns. Warum macht er das? Ich muss mich doch verteidigen dürfen, wenn mein kleiner Bruder mich haut?

Durst, fällt mir plötzlich wieder ein. Also renne ich hinter Papa her in die Küche. Und trinke einen Schluck. Jetzt ist es besser. Jetzt hat mein Bruder auch Durst. Er wird doch nicht alles austrinken? Besser, ich komme ihm zuvor. Den ganzen Becher hinunterschütten. Oh, ein bisschen ist auf meinem Oberteil gelandet. Egal. Das trocknet wieder.

Danach gehen wir spielen. Heute keine Lust auf Zähneputzen. Ich glaube eh nicht an Karius und Baktus. Haben die Erwachsenen sich einfallen lassen, um kleine Jungs zu ärgern.

Mein Bruder und ich spielen Ritter-Abknallen. Das scheppert großartig. Wird aber schnell langweilig. Ah, der Ball. Gute Idee. Gleich mal morgens um sieben im Flur Ball spielen.

Warum schimpft Mama? Weil die Nachbarn noch schlafen? Kann nicht sein. Wir sind doch schon ewig wach. Na gut, dann eben nicht Ball spielen. Dann eben mit Papa kämpfen.

Papa ist begeistert. Er rennt um sein Leben. Wir rennen hinterher. Papa ist so langsam, immer kriegen wir ihn. Er sollte dringend mal trainieren gehen.

Dann sollen wir uns anziehen. Ich tue so, als könnte ich das nicht. Anziehen? Nie gehört. Also zieht Mama uns an.

Danach gibt es nochmal Frühstück. Ich bin noch so müde, dass ich alles vollkleckere. Musste aber auch wirklich viel zu früh aufstehen heute.

Dann geht es in den Kindergarten. Mein Bruder und ich rennen vor Mama her. Oh, eine Treppe, einmal hoch und gleich wieder runter. Und jetzt am Geländer herumhangeln. Und auf dem Popo die Stufen runterrutschen. Ritsch, ratsch, ein Loch in meiner Jacke. Egal. Und gleich wieder hoch! Was? Es geht weiter? Oh, Mama ist schon um die nächste Kurve. Schnell hinterherrennen.

Mein Bruder hat nicht aufgepasst, er fällt auf sein Knie. Aber es blutet nicht. Nicht so schlimm. Mama pustet. Alles wieder gut. Jetzt geht es weiter. Wir balancieren auf dem Bordstein. Ui, ein alter Strohhalm. Mal sehen, ob noch Limo drin ist! Hey, warum reißt Mama mir den Strohhalm weg? Das war meiner!

Na gut, der Becher da vorne auf der Straße tut es auch. Schnell zusammendrücken und in der Hose verschwinden lassen. Für die Tasche ist er leider zu groß. Mein Bruder ist neidisch auf meinen Fund. Ich entdecke einen langen Stock gleich da vorne. Und auch noch einen für ihn. Wir spielen »Banditen auf der Jagd«. Ah, da kommt ein Opfer. Piks, piks.

Mann, der Typ hatte ja schlechte Laune. Na ja, ist ja auch klar, wenn man von Banditen überfallen wird.

Dann sind wir am Kindergarten. Mama hat keine Ahnung, was wir hier so machen. Und das soll auch so bleiben.

Später holt Mama uns wieder ab. Leider habe ich eine dicke Beule auf der Stirn. Mir ist ein Eimer dagegen geknallt. Hat aber gar nicht wehgetan.

Wir gehen in den Park und spielen Ball. Mama kann super Ball spielen. Aber mein Bruder und ich sind noch viel besser als sie. Wir werfen Mama dauernd ab und sie fällt in den Matsch. Das ist total lustig.

Dann gehen wir nach Hause. Also Mama geht, und wir Jungs joggen voraus. Zu Hause angekommen muss ich so dringend Pipi, dass ich keine Zeit habe, meine Jacke und meine Schuhe wegzuräumen. Mein Bruder hat auch keine Zeit dafür. Mama dagegen hat immer Zeit. Umso älter er ist, desto mehr Zeit hat der Mensch für solche Dinge, so ist das.

Danach spielen wir Lotti Karotti. Das Spiel ist ganz okay, weil die Hasen da immer in so Löcher fallen. Es dürfen nur nicht meine Hasen sein. Das finde ich dann richtig gemein. Meistens sind es aber Mamas Hasen. Mama kann überhaupt keine Spiele spielen. Die verliert immer, die Arme.

Ich dagegen bin ein Star, und mein Bruder ist der Ersatzstar. Das soll auch jeder wissen. Deswegen tanzen wir den Superstartanz, wenn wir gewonnen haben.

Wo ist Mama hin? Warum hat sie das Spiel schon weggeräumt? Wir wollen weiter gewinnen! Immer weiter!

Ah, Mama ist in der Küche. Sie darf nie alleine irgendwo hingehen, schon gar nicht in unserer Wohnung. Denn wir Jungs, wir sind die Chefs. Wir geben Anweisungen.

Heute wollen wir Salami so. Also ohne Brot. Mama weiß, dass das ein ganz dringender Wunsch ist. Wir bekommen Salami so. Wir bekommen eh immer fast alles.

Nur Lego Schima nicht. Aber das schaffen wir auch noch, irgendwann.

Dann essen wir zu Abend. Ganz viel Salami so, und dann noch Brot so und Butter so. Ist doch egal, ob zusammen oder einzeln.

Und dann sind wir irgendwann müde und müssen ins Bett. Dabei sind wir in Wirklichkeit gar nicht müde. Aber Mama freut sich immer so darauf, uns aus Büchern vorzulesen, dass wir so tun, als wären wir müde. Wir schlafen zusammen in einem Bett ein und zanken uns noch ein bisschen.

Durst, fällt mir plötzlich ein. Meinem Bruder fällt das auch ein. Mama unterbricht gerne ihr Telefonat und bringt uns Wasser. Dann, irgendwann, schlafen wir aus Versehen doch noch ein. Damit wir morgen wieder voller neuer Energie in den Tag starten können.

Ja, so ein Tag als kleiner Junge ist schon sehr anstrengend.

Gennen will gelernt sein

Na, heute schon gegannt? Oder kennen Sie vielleicht jemanden, der gerne gennt? Ich kenne gleich zwei. Meine Jungs. Die gehen nicht, die gennen. Das ist eine spezielle Kleine-Jungs-Gangart, genau zwischen Gehen und Rennen anzusiedeln. Gehen ist ausgeschlossen. Viel zu langsam. Und zu langweilig. Meine Jungs gehen nie. Ich glaube, sie müssen erst noch lernen zu gehen, irgendwer muss ihnen das beibringen. Ich schaffe das nicht. Und die im Kindergarten schaffen das offensichtlich auch nicht. Denn auch dort gennen alle Jungs. Sie gennen auf den Fluren, im Gruppenraum, auf dem Weg zur Toilette. Dabei stoßen sie manchmal zusammen, das tut zwar weh, hindert sie aber nicht daran, danach schnell weiterzugennen.

Nun habe ich das Glück, nur von zwei gennenden Kreaturen umgeben zu sein. Im Kindergarten sind es an die 20. Da wirst du verrückt. Völlig kirre. Es macht nervös, dieses ständige Gegenne. Gegenne hier, Gegenne dort.

Gennen vom Kinderzimmer ins Bad, und sogar im Bad die zwei Meter vom Waschbecken zur Toilette.

Draußen, ja, dort, wo Platz ist, da geht die Gennerei

auch manchmal über in ein flotteres Gerenne. Aber nur, wenn ein Ball vorwegkullert. Und schon gar nicht, wenn Mama es eilig hat.

Ich habe meinen Mann gefragt, wann er aufgehört hat zu gennen. Er hat mich nur mit großen Augen angeschaut und mich gefragt, ob ich sie noch alle hätte. Er sei nie gegannt.

Das glaube ich ihm nicht. Denn alle kleinen Jungs gennen.

Mädchen dagegen stolzieren. Sie schreiten. Hoheit hat es gar nicht nötig zu gennen.

Da sind mir die Jungs schon lieber. Schreiten hält auf. Das ist wie Trödeln. Das haben wir schon hinter uns.

Auch wenn ich mir immer vorkomme, als führe ich zwei kleine vor mir hertrabende Pinscher aus. Fehlt nur noch die Leine. Ja, so eine Leine ist keine schlechte Idee, eigentlich. Gibt es tatsächlich, habe ich schon gesehen. Aber dann würde es sicher nicht lange dauern, bis die beiden an der nächsten Straßenecke das Bein heben würden. Ganz sicher. Denn sie wissen, dass nur Hunde Leinen haben sollten, und dass auch nur Hunde mitten auf die Straße pinkeln dürfen, ohne sich danach einen Vortrag ihres aufgebrachten Frauchens anhören zu müssen.

Also keine Leine. Ich habe mich abgefunden mit dieser ewigen Gennerei. Jungs können nicht anders, solange die Beinchen noch so kurz sind. Sollen sie doch gennen.

Und wenn dann ein kleines Mädchen an meinen beiden Pinschern vorbeistolziert, muss sie sich nicht wundern, wenn sie ausgiebig beschnuppert wird. So langsam, wie sie unterwegs ist.

Schöne, heile Welt

Neulich war ich mit Linus auf dem Spielplatz. Während er eifrig am Klettergerüst herumhangelte, beobachtete ich zwei fremde Jungs im Alter von ungefähr fünf Jahren.

Sie rannten jeweils mit einem Stock bewaffnet umher und ließen dabei ihrer Fantasie freien Lauf.

Alles ganz normal also.

Als die Jungs näher kamen, konnte ich auch mit anhören, um was es denn bei ihrem Spiel ging.

»Komm, Andi, wir bauen eine Falle für die Mädchen«, sagte der blonde Junge zu seinem dunkelhaarigen Freund mit dem Namen Andi.

»Okay, Tim. Graben wir ein tiefes Loch.«

Die zwei stocherten mit ihren Stöcken im Boden herum.

»So, und jetzt müssen wir ein Blumenbeet anlegen«, sagte Tim, als die Grube fertig zu sein schien. »Um die Mädchen anzulocken.«

»Gut«, sagte Andi, und ich freute mich über diesen schönen, jedenfalls vordergründig friedlichen Einfall der beiden Jungs. Ein Blumenbeet, wie toll!

»Hier ist das Beet«, sagte Tim, und wies mit seinem

Stock auf eine Stelle neben der vermeintlichen Grubenfalle.

»Okay«, bestätigte Andi. »Und jetzt Blumen einpflanzen.«

Die beiden Jungs hackten wie wild auf die Wiese ein.

»Bumm, bumm, bumm, ihr Blumen!«, riefen sie. Ich zuckte schon ein wenig zusammen angesichts dieser energischen Art des Blumenpflanzens. Aber man lernt ja nie aus.

»Und jetzt gießen«, schlug Andi vor.

»Gut«, bestätigte Tim. »Der Baum hier braucht auch Wasser.«

Dann schlugen sie wie besessen mit ihren Stöcken auf den Baum ein. Und auf die Wiese. So gießt man heute, dachte ich, während ich die Szene weiter beobachtete.

»Bumm, peng, baff. Ich gieße dich, du Baum!«, rief Andi.

Tim hämmerte währenddessen mit seinem Stock auf die eben noch so liebevoll eingepflanzten Blumen ein.

»Peng, buff, disch! Hier ist Wasser für die Blumen!«

Na ja, immerhin haben sie Blumen gepflanzt und dann auch gegossen. Im Grunde war es trotz allem doch eine nette Idee von ihnen, dachte ich, und außerdem haben sie mit ihren Stöcken ja nicht auf echte Blumen draufgehauen. Nur auf die Wiese. Und auf den Baum. Den Jungs hat es Spaß gemacht, und es hat niemandem geschadet. Alles ist gut.

»Da kommt ein Mädchen!«, ruft Tim plötzlich ganz aufgeregt.

»Gut. Jetzt schnell!«, ruft Andi. »Wir zeigen ihr das Blumenbeet.«

Die Jungs rufen das Mädchen zu sich und zeigen ihr das neu angelegte, prachtvolle Blumenbeet. Das Mädchen steht mit ihrer Mutter da und betrachtet eingehend das Blütenmeer.

»Na, das habt ihr aber fein gemacht«, sagt die Mutter des Mädchens und setzt sich dann zu mir auf die Bank.

Das Mädchen aber sagt: »Da sind gar keine Blumen«, und verdreht die Augen. »Das ist nur Wiiiieseeee, ihr Blödis!«

Für einen kurzen Moment tun mir die beiden Jungs dafür leid, dass ihre Idee so unverfroren zunichtegemacht wird.

Doch dann höre ich Andi flüstern: »Gleich, gleich...«.

Das Mädchen macht kopfschüttelnd ob dieser dummen Jungs einen besserwisserischen Schritt vorwärts, was die beiden Jungs veranlasst, sofort in lautes Gelächter auszubrechen.

»Du bist in der Grube! Du bist in der Grube!«, rufen sie, zeigen auf das verdutzt dastehende Mädchen und laufen dann jubelnd und jauchzend davon.

Das Mädchen bricht sofort in Tränen aus, weil es in die megatiefe Grube gefallen ist, die die Jungs vorher neben dem Blumenbeet ausgehoben hatten. Das Mädchen schluchzt und heult und hört gar nicht mehr auf zu weinen.

Da hilft es leider auch gar nichts, dass seine Mutter zum tausendsten Mal sagt:

»Aber Lucy, da ist doch gar keine Grube. Das ist doch nur die Wiiiiieseeeee!«

Ist da wer?

Manchmal habe ich das Gefühl, mich aufgelöst zu haben. In Luft. In weniger als Luft. In nichts.

Dann kneife ich mir in den Arm, ganz fest, und merke, dass ich mich täusche. Ich existiere noch. Nur für die Jungs existiere ich nicht.

Ist es verrückt, mit seinen Jungs zu sprechen? Oder mit Türen? Mit der Couch, dem Bett, dem Stuhl? Nein, ist es nicht, denn ich bin sicher, ich spreche nicht mit Gegenständen, sondern mit lebendigen Wesen. Diese Wesen sind nur leider oft so lebendig, dass sie es gar nicht nötig haben, sich die geistigen Ergüsse ihrer lieben Mami anzuhören. Geschweige denn, ihren Anordnungen Folge zu leisten.

Die Jungs hören mich einfach nicht. Sie spielen fröhlich weiter, raufen, kreischen und werfen ihre Bauklötze durch das Wohnzimmer. Meine Einwände sind nicht willkommen, das ist klar, dennoch sollte man davon ausgehen, dass sie erhört werden, wenn sie zum zehnten Mal, und dann auch zusätzlich in affenartiger Lautstärke von mir durch den Raum gebrüllt werden.

Aber nichts da. Nichts geschieht. Das wilde Treiben nimmt einfach seinen Lauf. So als sei nichts gewesen.

Als stünde ich nicht hier, einen halben Meter vor Linus' Gesicht, mit weit aufgerissenen Augen, Schaum vorm Mund und erhobenem Zeigefinger.

Einen ungebetenen Gast ignoriert man am besten. Das ist die Taktik meiner Söhne. Sie tun so, als würden sie mich nicht hören. Als sei ich gar nicht da.

Doch dabei lassen sie außer Acht, dass auch ich eine Taktikerin bin. Ich bin ein Stratege, und noch bin ich ihnen weitaus überlegen. Ich kenne meine Hasen, und ich weiß, wie sie laufen.

Denn Jungs hören ihre Mütter sehr wohl. Sie wollen sie nur nicht hören. Sie sind aufmerksam, aber eben nur partiell. Selektive Wahrnehmung nennt man das. Spielende Jungs blenden ihre werten Mamis aus. Männer können ja auch immer nur eine Sache zur selben Zeit. Warum sollte das bei kleinen Jungs anders sein? Raufen und auf Mama hören, das ist zu viel verlangt.

In so einem Fall hilft ein einfacher Trick.

Ich senke die Stimme. Meine Stimme muss zart klingen, geradezu verlockend süß, um das Bevorstehende zu verkünden.

Ich senke also meine Stimme, lehne mich lässig an die Wand, und dann frage ich in die wütende Meute hinein, ganz leise, sodass man mich gerade noch hören kann:

»Wer von euch beiden möchte denn jetzt einen Schokokeks?«

Zack. Das hat gesessen. Schreie verstummen, Köpfe drehen sich in meine Richtung, Ohren werden gespitzt.

Ja, Mami hat »Schokokeks« gesagt. Aber sie hat es nicht so gemeint. Schnell nutze ich das kleine Fenster der Aufmerksamkeit.

»Jungs, jetzt ist Schluss hier. Zimmer aufräumen«, rufe ich genau jetzt und verlasse dann eilig den Ort des Geschehens.

Nein, ich bin kein Nichts. Ich bin einfach genial.

Wer das Blatt nicht ehrt...

Ich habe es echt gut. Ich werde von allen Seiten reich beschenkt. Von all meinen Jungs. Dem ganz großen, dem großen, und dem kleinen.

Ja, meine Jungs schenken sehr gerne. Sie sind großzügig. Und freuen sich, wenn ich mich freue.

Über ein verwelktes Blatt zum Beispiel oder über das kleine Playmobil-Schweinchen, das sie selbst zum letzten Geburtstag geschenkt bekommen haben. Von mir.

»Senk is dir«, sagt Maxi und drückt mir auch den zugehörigen Bauern in die Hand. Und dann geht er rüber zu seinem Bruder und schenkt ihm gleich den ganzen restlichen Bauernhof. Der hat wohlgemerkt über 30 Teile.

Nur leider werden solche generösen Geschenke nach einiger Zeit dann wieder zurückgefordert. Ich weiß das und halte das Geschenkte stets für diesen Fall bereit, doch der große Bruder weiß das nicht. Geschenkt ist geschenkt, denkt er sich, eigentlich zu Recht, und besteht darauf, dass der Bauernhof ja jetzt ihm gehört. Ja, mitsamt der Kühe und Hühner, die Maxi nun sehr ausdauernd zurückbegehrt.

Zur Schlichtung schlage ich einen Handel vor. Einen

Tausch. Also nicht zwischen den Brüdern, das würde nicht funktionieren. Sondern einen Tausch zwischen Linus und mir. Er bekommt einen Keks, und ich bekomme den Bauernhof. Top. Der Handel steht. So einfach geht das, denke ich, wie gut, dass ein Keks 30 Teile Bauernhof aufwiegt.

Und dann meldet sich Maxi.

»Is will auch Keks!«, brüllt er und schleudert die soeben wiedergewonnenen Bauernhofkühe durch die Küche.

Klar, wäre ja sonst auch unfair. Also bekommt Maxi auch einen Keks.

So funktioniert das mit den Geschenken. Man weiß nie, wer am Ende womit rauskommt. Das ist spannend.

Für eine erwachsene Frau aber vielleicht ein wenig zu spannend, finde ich, und mache vor allem vor Geburtstagen und vor Weihnachten zumindest meinem Mann gegenüber deutlich, welche Geschenke ich mir denn für mich so vorstellen könnte. Das klappt ganz gut. Mittlerweile.

Irgendwann hat ihm bestimmt mal eine seiner Verflossenen mitgeteilt, dass sie sich nicht so wahnsinnig über ein verwelktes Blatt freut oder über das Playmobil-Bauernhof-Schweinchen aus seinem alten Bauernhof.

Doch so weit sind meine Söhne zum Glück noch lange nicht. Sollen sie doch weiter mit vollen Händen ihren wunderbaren Jungskrimskrams verschenken. Und dann von mir aus auch wieder zurückfordern. Denn ich bleibe wirklich gerne noch ewig die einzige und allmächtige Keksherrscherin auf unserem Familienplaneten.

Was nicht pappt, wird pappend gemacht

Ein guter Freund hat mir erzählt, dass er als Kind immer der Kleberich genannt wurde, weil er immer klebrige Hände hatte.

Die Hände meiner Jungs sind auch immer klebrig. Aber wovon? Nutella und Co. schließe ich aus, denn nach dem Konsum von süßen Aufstrichen geht's sofort ab ins Bad. Die Jungs müssen ihre Hände waschen. Und das Gesicht. Und die Arme auch. Am besten das ganze Kind.

Trotzdem kleben ihre Finger. Und daran lassen sie auch alles teilhaben, was sie mit ihren Fingern anfassen. Jungsfinger grabbeln ziemlich viel an während eines ganzen Tages.

Zum Beispiel das iPad ihrer Mami. Eigentlich ist es gar nicht mehr mein iPad, denn es befindet sich fest in Kinderhand. Natürlich ist der Zeitrahmen, in dem die Jungs dieses digitale Spielzeug benutzen dürfen, begrenzt. Trotzdem ist es das iPad, welches am meisten unter den Klebepfoten der Jungs zu leiden hat. Gleich danach folgen das Handy meines Mannes und dann mein eigenes Handy.

Es sterbe der Touchscreen. Wessen Idee war das bitte? Wer hat erfunden, dass man ein Handy gänzlich mit einem einzigen Finger bedienen kann? Also indem man den Finger über das gesamte Display zieht?

Solch ein Touchscreen ist keine elternfreundliche Erfindung. Mein iPad und sicher auch das der anderen Jungsmamas auf dieser Welt lässt sich jedenfalls nicht mehr mit leichtem Fingerdruck auf das Display bedienen. Da musst du schon ordentlich Kraft aufwenden, damit sich was tut. Denn die Schicht, die sich auf dem Gerät festgesetzt hat, kommt von Kinderhand. Die klebt immens. Wenn du Pech hast, bleibt dein eigener Finger daran kleben, wie eine Zunge an einem Eiswürfel. Ich habe schon versucht, ob ich mein Handy einfach dadurch, dass mein Finger an seinem Display festklebt, hochheben kann. Hat nicht ganz geklappt. Aber die Jungs arbeiten noch daran.

Nun sind Handschuhe auch keine Lösung, und das iPad muss auch in Zukunft für die Jungs herhalten. Es wird sich also nichts ändern. Was mich aber beruhigt, ist, dass wir auf diese Weise immer günstigen Kleber im Haus haben werden. Sollte mal was kaputtgehen.

Ein Rudel Chaos

Jungs sind wie Wölfe. Sie treten in Rudeln auf. Sie rotten sich zusammen und hängen dann gemeinsam irgendwo herum. Dabei bildet jeweils eine Kindergartengruppe ein solches Rudel.

Nur haben Wölfe eine feste Rangordnung. Kindergartenjungs dagegen haben einen Anführer, und alles darunter versinkt im Chaos. Der Anführer ist immer der Gruppenälteste. Der hat das Sagen. Er darf sich König nennen, oder He-Man, oder auch Herrscher der Welt, ganz egal, er kann sich alles erlauben. Jedes der jüngeren Kinder ist ihm hörig.

Was der Herrscher der Welt aber offenbar nicht auf die Reihe kriegt, ist, Ordnung unter seinen Untergebenen zu schaffen. Das Volk ist sich nicht einig, wer in der Hackordnung als Nächstes dran ist. Eigentlich gibt es keine Hackordnung. Jungs sind ja auch keine Hühner. Jungs sind Jungs.

Heute sind Jens und Mark noch dicke Freunde, doch schon morgen könnten sie zu Erzfeinden werden.

»Dann bist du nicht mehr mein Freund!«, ist eine schlimme Strafe für den gestern noch als den allerbesten Spielgefährten betitelten Jan.

Obwohl, da gibt es noch etwas Schlimmeres. Die Höchststrafe sozusagen.

Und die lautet: »Du darfst nicht zu meinem Geburtstag kommen!«

Das ist das Schrecklichste, was ein Junge zu einem anderen Jungen sagen kann. Da leiden die Jungs wie verrückt, sie heulen und maulen so lange, bis der andere diesen Fluch wieder von ihnen genommen hat.

Ich weiß, wovon ich spreche. Denn auch ich selbst als die Mama meiner beiden Jungs bin schon des Öfteren Opfer dieser grausamen Geburtstagsausladungsstrafe geworden.

»Du darfst nicht zu meinem Geburtstag kommen, Mama!«, schallt es mir entgegen, wenn ich zum Beispiel darauf bestehe, dass Linus seine Jacke zumacht, bevor wir rausgehen. Oder wenn ich Maxi nicht erlaube, einen alten Kaugummi von der Straßenlaterne abzukratzen.

»Oh nein!«, antworte ich entsetzt. »Dann bin ich aber ganz traurig!«

Die Jungs ahnen ja nicht, was es für sie bedeuten würde, wenn die eigene Mama tatsächlich einmal nicht zu ihrem Geburtstag käme. Welcher Geburtstag überhaupt? Welcher Kuchen? Welche Geschenke? Wie, niemand hat eine Feier organisiert?

Nein, das kann ich den Jungs wirklich nicht antun. Und das ist auch gar nicht nötig. Denn die so vorschnell verhängte schwere Strafe hält meist nicht allzu lange vor. Jungs sind nämlich glücklicherweise nicht nachtragend. Und so werde ich dann auch zwei Minuten später gleich wieder ganz generös zurückeingeladen zu dem von mir zu organisierenden Kindergeburtstag.

Manchmal geht das an einem Tag bis zu 20-mal hin und her. Eingeladen, ausgeladen, eingeladen, ausgeladen, eingeladen.

Ich kann also ganz gelassen bleiben, völlig egal, wie es gerade um meinen Geburtstagseinladungsstatus bestellt ist.

Und auch der andere im Affekt ausgeladene Geburtstagsgast wird schon am nächsten Tag meistens wieder zum besten Freund gekürt, der natürlich auch eingeladen werden muss. Und selbst wenn nicht, es gibt ja noch 15 andere Jungs im Rudel, die kommen werden, ein einsamer Jungsgeburtstag ist also tatsächlich undenkbar.

Anders ist das bei kleinen Mädchen. Die haben eine beste Freundin. Und wenn es mit der hakt, möchte ich nicht mit der Mädchenmami tauschen. Das ist Krise. Oberkrise. Denn Mädchen haben ein gutes Gedächtnis. Die sind nachtragend bis ins übernächste Jahrhundert. Wenn du einem Mädchen sagst, sie sei nicht mehr deine Freundin, dann hast du in der Tat eine Freundin weniger. Blöd, wenn es die eine, die einzige beste Freundin war, denn sie wird nun freiwillig nicht mehr zu deinem Geburtstag kommen. Niiiiiieee wieder.

Und du als Mädchenmama musst das dann wieder glattbügeln. Mit der anderen Mädchenmama ausmachen, warum dein unmögliches, total gemeines Mädel ihrer armen Tochter so fiese Dinge gesagt hat. Die Kleine ist am Boden zerstört, ihr Herz ist für immer gebrochen, sie ist untröstlich. Keine Ahnung, wie deine Tochter das jemals wiedergutmachen kann.

Nee, das ist mir viel zu anstrengend. Da rufe ich lieber Sabine an und frage sie, was Michi sich denn zum Geburtstag wünscht. Also der Michi, der heute Morgen noch verkündet hat, Linus sei ab sofort nicht mehr sein Freund.

»Den Playmobil-Wolf«, sagt Sabine. »Für sein Rudel.«

»Schön,« sage ich, »wird gemacht.« Und schreibe gleich noch »He-Man« auf meine Einkaufsliste mit dazu. Denn Michi wird bald sechs, und es ist immer gut, sich vorausschauend mit dem Herrscher der Welt in spe gutzustellen.

Glow Hockey oder: wie ich zur Heldin wurde

Jungs verehren ihrer Mamis. Denn sie sind Mamakinder. Mädchen dagegen sind meistens Papis Lieblinge.

Auch meine Jungs verehren mich. Ich bin ihre Heldin, unter anderem auch, weil ich super im Videospielen bin. Ja wirklich, das ist eine meiner hervorstechenden Eigenschaften.

Ich kann iPad.

Und da speziell Glow Hockey. Da laufe ich zur Höchstform auf.

Ich bin selbst erstaunt darüber, dass gerade ein digitaler Sieg ihrer Mutter gegen einen zugegebenermaßen einfachen computergestützten Gegner die Jungs dermaßen beeindrucken kann. Dass die beiden mir noch keinen Thron dafür gebaut haben, ist fast verwunderlich.

Kleine Jungs sind fasziniert von iPad und Handy. Vielleicht liegt es daran, dass sie es nur ganz selten benützen dürfen. Doch wenn sie es haben, dann wird gezockt. Bruder gegen Bruder oder, was mir lieber ist, Bruder gegen digitalen Gegner. Dann gibt es weniger Geschrei, wenn einer verliert.

Irgendwann kommt dann aber immer der Punkt, an welchem die Jungs nicht weiterkommen. Dann brauchen sie Mamis Hilfe. Um den nächsten Gegner zu besiegen oder den Ball reinzumachen. Also komme ich ins Spiel. Ich schiebe meine Jungs ein wenig zur Seite, denn der Champion braucht Platz. Und dann geht's los. Hier gelingen mir Dinge, bei denen ich in der Realität total versage. Hier werde ich zum Fußballstar. Und damit auch zum Star meiner Söhne.

»Boah, voll cool, Mama«, höre ich ihre kleinen Stimmchen, oder: »Woher kannst du das bloß so gut?«

»Einfach so«, antworte ich. Bin eben ein Naturtalent.

Und natürlich gewinne ich. Gut, die Jungs wissen nicht, dass es auch Spiele für Erwachsene gibt, bei denen ich alt aussehe. Aber mit der Maus und dem Elefanten komme ich wunderbar zurecht. Kein Wimmel entgeht mir, und auch der grüne Geist auf Level drei bringt mich nicht aus der Ruhe.

Danach werde ich gefeiert.

»Papa, Mama hat alles gewonnen. Die ist so supercoolio«, ruft Linus meinem Mann entgegen, noch bevor er überhaupt die Haustür hinter sich geschlossen hat.

Ja, das sollen ruhig alle wissen. Hier wohnt sie, die Superduper-ich-gewinne-alle-Kindervideospiele-Jungsmami.

Und dann, wenn die Kinder schlafen, kommt mein Mann mit seinem Handy um die Ecke.

»Wollen wir doch mal sehen, was du wirklich kannst,

du Supermami«, sagt er, und ich bin froh, dass die Jungs schlafen und nicht mitbekommen, wie haushoch ich gegen ihren Papa im Glow Hockey verliere.

Eine Uniform für Mama

Neulich waren die Handwerker bei uns. Das ist gut, weil Jungs Handwerker ganz toll finden. Maxi hat auf seinem Kinder-MP3-Player auch gleich den Song »Wer will fleißige Handwerker sehen« herausgesucht und zur Freude des Malers gefühlte 100-mal hintereinander abgespielt, während Linus auf einem Stuhl unmittelbar neben dem Maler mit einem Prittstift in der einen und einem Eimer in der anderen Hand den Anstreichvorgang imitierte.

Dann klingelte es an der Tür. Draußen stand ein Polizist. Warum denn die Tür offen stehe, fragte er, und ob alles in Ordnung sei.

Jaja, sagte ich, das sei nur, weil wir Handwerker dahätten, die immer rein- und rauslaufen würden.

»Mama, ist das ein ester Polizist?«, fragte ein zartes Stimmchen von unten. Da stand Maxi und zupfte an meiner Hose. Ich nahm ihn auf den Arm, damit er den Polizisten besser betrachten konnte. Denn Jungs stehen voll auf Polizisten.

»In Ordnung«, sagte der Polizist und meinte dann, dass er jemanden suche. Er nannte den Namen einer unserer Nachbarn, und ich sagte ihm, wo er ihn finden könne.

»Mama, ist der Polizist est?«, fragte Maxi noch einmal und zeigte mit dem Finger auf den Polizeibeamten.

»Nein, der ist nur verkleidet«, sagte ich.

Maxi starrte den Polizisten an, der Polizist starrte mich an.

»War nur ein Witz«, sagte ich schnell, bevor ich noch verhaftet werden würde. »Natürlich ist das ein echter Polizist.«

Maxi strahlte. Noch nie hatte er einen echten Polizisten aus der Nähe gesehen. Und als der ihm dann noch seine Mütze hinhielt, damit er sie einmal aufsetzen konnte, war es völlig um meinen kleinen Sohn geschehen.

Das Ganze endete mit einem ausgewachsenen Wutanfall, weil Maxi die Mütze ja unverhofft wieder hergeben musste und weil der Polizist auch keine Zeit hatte, hereinzukommen, um Maxis neuestes Gemälde zu bewundern.

Wie kommt das bloß, dass Jungs manche Berufsgruppen so sehr bewundern? Gut, Polizisten jagen Einbrecher und Gangster, so was finden sie spannend. Spannender jedenfalls als die Bürojobs von mir und meinem Mann.

»Was machst du da eigentlich immer in diesem Büro?«, fragte Linus einmal.

»Na ja, ich sitze am Computer, schreibe E-Mails und Texte«, erklärte ich. »Und dafür bekomme ich dann Geld von meinem Chef.«

»Boah!« Linus war begeistert. Zuerst. »Du bekommst Geld dafür, dass du den ganzen Tag Computer spielst?«

Nachdem ich ihm dann erklärt hatte, dass ich nicht Computer spiele, sondern nur ganz langweilige Texte schreibe, war er richtig enttäuscht.

So ist das eben. Alle Jobs außer Polizist, Astronaut, Handwerker, Feuerwehrmann und Bauarbeiter finden Jungs langweilig. Oder liegt das gar nicht an der Tätigkeit, sondern auch am Outfit?

Ich hätte nichts dagegen, wenn die Jungs meinen Job total cool finden würden. Megaspannend. Dann ist die ganze Mama ja auch gleich viel cooler. Ja, vielleicht sollte ich dazu übergehen, Uniform zu tragen. Polizeiuniform. Spricht doch eigentlich nichts dagegen, oder? Ich kann ja auch in Uniform im Büro sitzen und meine E-Mails schreiben. Darauf, dass ich in Uniform nach Hause komme, kommt es an. Ob ich mir auch ein paar Handschellen zulegen sollte?

»Boah, bist du coool, Mama!«, würden die Jungs rufen und es gleich all ihren kleinen Freunden erzählen. Ich würde vergöttert werden, gefeiert und beklatscht.

Nur leider hat die Sache einen Haken. Die Polizeimütze. Ich müsste sie teilen. Die Jungs würden sie haben wollen. Immer. Ständig hätten sie Wutanfälle deswegen. Weil ich ja zur Arbeit müsste. Mit der Mütze.

Also gehe ich doch lieber in meinem Standardoutfit zur Arbeit. Mit meiner Standardmütze.

Wie gut, dass das geht. Weil ich kein Mädchen habe.

Denn ein Mädchen hätte ständig Wutanfälle. Wegen meiner Mütze. Weil ich ja zur Arbeit müsste. Mit meiner Mütze. Und mit meiner Jacke. Mit meiner Hose, meiner Tasche, meinen Pumps, meiner Bluse…

Von Möbeln und Nerven

Ein weises Sprichwort besagt: »Mädchen zerstören die Nerven, Jungs alles andere.«

Das ist aber nur die halbe Wahrheit. Denn zerstört es etwa nicht die Nerven, wenn alles andere um einen herum zerstört wird?

Immer, wenn wir überlegen, uns neue Einrichtungsgegenstände zuzulegen, weil Veränderung auch manchmal guttut, fällt uns irgendwann ein, dass wir ja zwei kleine Jungs zu Hause haben. Und dass wir deshalb mit der Umgestaltung lieber doch noch etwas warten sollten.

Denn kleine Jungs sind die Einrichtungszerstörer schlechthin. Ja, sie scheinen sogar einen kleinen Sensor dafür eingebaut zu haben, welche Stücke mir, also ihrer Mama, besonders lieb und wichtig sind. Oder gerade neu. Vom Designer, richtig teuer.

Nein, es ist nicht so, dass sie reinkommen, den Designerstuhl erblicken und vor lauter Begeisterung ausrufen:

»Wow, Mama, der Stuhl da drüben, der ist neu. Der sieht ja toll aus! Du hast so einen guten Geschmack!«

Nein, so einen Sensor meine ich nicht. Nein, es ist dagegen so, dass die Jungs selbst bei dem deutlichen Hinweis darauf, dass etwas neu ist, nicht darauf kommen, was es ist.

»Schaut mal ins Wohnzimmer, Jungs, wir haben was Neues.«

Ich denke an die neuen Vorhänge, wunderschön und vermeintlich wirklich nur für einen Blinden übersehbar.

Linus und Maxi stürmen das Wohnzimmer. Voller Erwartung. Um dann, nach einer langen Weile des Den-Raum-mit-den-Augen-Absuchens begeistert festzustellen:

»Jetzt hab ich's!«

Ich atme auf. Ich wusste es doch. Meine Jungs haben den Blick. Doch ich soll mich täuschen.

Linus zeigt auf unsere acht Jahre alte Couch.

»Die ist neu! Toll!«

Und dann wird die »neue« Couch gleich probebehüpft. Das soll mir recht sein, das ist die Couch ja auch gewöhnt. Wenn Maxi sich nur nicht bei seinem ersten verfehlten Sprung an dem neuen Vorhang festhalten und ihn mit einem beherzten Ruck von seiner Stange herunterreißen würde.

Ja, so ergeht es uns Jungsmamas mit unserer Einrichtung. Kein Stück, das nicht schon von den beiden eine Individualisierung erfahren hätte. Aber hey, Möbel müssen Patina haben. Shabby Chic. Das ist in. Kann man überall nachlesen. Es lebe die Individualität.

Und so haben meine Nerven sich langsam daran gewöhnt, dass nichts bleibt wie es war. Auch meine eigentlich geduldigen, ruhigen Nerven nicht.

Trotzdem finde ich es in dieser Reihenfolge besser. Wäre doch schlimm, wenn die Nerven ohne handfesten Grund zuerst kaputtgingen, etwa weil das Waschen der langen Haare ein Riesentheater ist, oder weil Mädchenmami leider nur die pinken statt der lila Schühchen in der richtigen Größe finden konnte.

Ja, wenn zuerst die Nerven zerstört würden, wäre das richtig schlimm. Die armen Mädelsmamis. Denn welches Nervenbündel kann sich überhaupt jemals wieder Gedanken über neue Möbel machen?

Die Sammelfieberkrankheit

Für alles gibt es eine Lobby. Es gibt eine Tabaklobby, eine Pharmalobby, eine Automobillobby.

Bei Wikipedia heißt es:

Mittels Lobbyismus versuchen Interessengruppen (»Lobbys«) vor allem durch die Pflege persönlicher Verbindungen die Exekutive und die Legislative zu beeinflussen. Außerdem wirken sie auf die öffentliche Meinung durch Öffentlichkeitsarbeit ein. Dies geschieht vor allem mittels der Massenmedien.

Und ein solches Massenmedium ist definitiv das Fußballbilder-Sammelheft. Oder das Ninjago-Sammelheft. Oder das Star-Wars-Sammelheft. Oder irgendein anderes der zig Millionen zur Ausbeutung der Eltern erfundenen Aufkleber-Sammelhefte auf dieser Erde.

Vielleicht gibt es auch was für Mädchen, vielleicht ein Eiskönigin-Elsa-verzaubert-kleine-Jungs-Sammelheft, das ist mir aber dann noch nicht untergekommen.

Jungs scheinen da in ihrer Sammelwut anfälliger zu sein, siehe der Stockvorrat in meinem Auto.

Wer ein solches Sammelheft überhaupt besitzt, pflegt ganz sicher persönliche Verbindungen zu Exekutive und Legislative, nämlich den absoluten Chefs der Kindergartengruppen. Das sind die Großen, also die, die in der Grundschule in gar nicht allzu langer Zeit wieder zu den Zwergen gehören werden. Nur, dass diese großen Kleinen das jetzt noch nicht wissen.

Diese Giganten des Kindergartens wissen dagegen ganz genau, welches das aktuell angesagte Sammelheft zu sein hat.

Dank Fußball-WM war es bei uns gerade das großartige, beispiellose und für Kinder unter sechs Jahren absolut unwiderstehliche Fußballbilder-Sammelheft.

Ganze zwei Wochen habe ich dem Gebettel standgehalten, habe Tränen getrocknet und meine gesamte Überzeugungskraft aufgewendet, und dann, ja dann bin ich eben doch mit meinen beiden in den Laden um die Ecke gegangen und habe das Objekt der Begierde erstanden.

Dann war Ruhe. Jedenfalls für einen Tag. Denn das Heft allein ist gar nichts. Nein, das eigentliche Objekt der Begierde ist die Sammelkarte.

Also ich wieder in den Laden und zwei Päckchen Sammelkarten ergattert. Ich bin fast ohnmächtig geworden, als die Verkäuferin mir den Preis dafür nannte. Aber was man nicht alles dafür tut, dass die eigenen Jungs im Ansehen der Kindergartengruppenanführer aufsteigen.

Zu Hause haben wir die Päckchen dann geöffnet. Und dann habe ich glatte zwei Stunden damit verbracht, die passenden Felder für unsere zehn Aufkleberchen in den

Heften zu finden. Und es gibt viele Felder. So unglaublich viele Felder. Und selbstredend ist Ziel der Jungs, alle Felder, also wirklich jedes einzelne mit dem Grinsegesicht eines strahlenden, mir jedoch unbekannten Fußballmenschen zu füllen. Jedes.

Ich habe das ausgerechnet. Ich müsste tatsächlich 500 Euro investieren, um dieses Ziel zu erreichen. Nein, es wären mehr als 500 Euro. Weit mehr. Denn nach Päckchen Nummer vier habe ich festgestellt, dass sich ein gewisser No-Name-Fußballer, also einer, von dem selbst der größte Fußballfan aller Zeiten noch nie etwas gehört hat, ungefähr acht Mal in diesen vier Päckchen zu finden war. Man kann ihn aber natürlich nur ein Mal in das Heft einkleben.

Also das nenne ich wirklich geschäftstüchtig.

Schöner Gruß an die Fußballbilderlobby, einmal bin ich reingefallen, beim nächsten Mal bin ich schlauer. Denn dann sind meine Jungs nämlich die Helden der Gruppe, und dann werden Überraschungseier gesammelt. So geht das!

Bis dahin muss ich mir noch überlegen, wohin ich die Bilderflut verschwinden lasse. Denn mittlerweile sind sie einfach überall. Ich öffne den Kühlschrank, Manuel Neuer hat es sich in der Käsepackung bequem gemacht. Ich schlage mein Buch auf, der 80. No-Name-Fußballer grinst mir entgegen. Im Flur rutsche ich auf Philipp Lahm aus.

Nein, so kann das nicht weitergehen. Ich möchte

nicht in einer Flut von zwar teuren, aber ungeliebten Papierkleberchen ersaufen.

Also wohin damit? Die Lösung heißt wieder einmal: unsere Haushälterin.

»Oh, deine unzähligen, überall achtlos liegengelassenen Bilder sind verschwunden? Nein, so etwas! Das tut mir aber leid. Aber weißt du, Merle musste hier saubermachen. Sie wusste ja nicht, dass dir die Karten so viel bedeuten.«

Da hätten die Jungs besser mal ihre Beziehungen überdacht. Denn Legislative und Exekutive, das bin ja wohl immer noch ich.

Adieu, du liebes Fußballsammelbild!

Chaos im Kinderzimmer

Männern wird nachgesagt, sie seien chaotisch. Derjenige, der das behauptet, ist keine Jungsmama. Denn über das Chaos des Hans lacht das Hänschen lauthals.

Manchmal wünsche ich mir, ich könnte die Kinderzimmer einfach von unserer Wohnung abkoppeln. So, wie man zum Beispiel einen Pferdeanhänger abkoppelt. Man kurbelt ein bisschen, es macht rums, und schon haben wir eine Wohnung und zwei separate Kinderzimmer, also drei voneinander unabhängige Teile. Diese beiden abgetrennten Kinderzimmer stelle man dann einfach irgendwo auf der Straße ab, in der Hoffnung, ihnen nie wieder zu begegnen.

Leider lassen sich Kinderzimmer nicht abkoppeln. Sie sind fest verbunden mit unserer Wohnung und somit auch täglicher Schauplatz meines privaten Kollapses.

Wer glaubt, Mädchenzimmer seien unordentlich, der täuscht sich gewaltig. Jungszimmer sind unordentlich. Und zwar jederzeit. Auch nachts. Nachdem aufgeräumt wurde.

Die die Unordnung stiftenden Gegenstände variieren zwar, doch das Ergebnis ist das gleiche. Es ist ein einziges, grauenhaftes, sinnloses Chaos. Es ist zum Verzweifeln.

Woran liegt das? Was machen Jungs anders als Mädchen, oder sind es die Jungsmamas, die diese Unordnung verschulden? Haben sie ihre Söhne nicht im Griff? Oder sind es mal wieder die Gene?

Ja, ich glaube, die Gene sind schuld. Weil Jungs so schnelllebig sind. Weil sie Abwechslung lieben und Gleichmut sie anödet. Weil sie nie länger als zwei Minuten das gleiche Spielzeug bespielen. Weil sie so viel Fantasie haben. Weil es eben schnell geht, ein Bild zu malen. Und dann alle Stifte über den Boden zu verteilen. Weil Stifte auch Pistolen sein können. Oder Pfeile. Weil Jungs sich austoben müssen. Weil Sofakissen sich super als Boot eignen. Weil die CDs dringend verschönert werden müssen. Auf ihrer Rückseite, versteht sich. Weil Regale Ritterbehausungen sind und Bücher dort nichts zu suchen haben. Oder Stofftiere. Weil Dinos einzeln gehalten werden müssen, nicht alle zusammen in einem Korb, weil sie sich sonst gegenseitig auffressen würden. Weil Papier sich super als Rutsche eignet. Weil das Bett kein Bett ist, sondern eine Krankenstation für Schleich-Tiere. Weil Legosteine auch essbar sind und sich prima in der Kinderküche zubereiten lassen. Weil die Züge dringend jetzt sofort neue Batterien brauchen. Weil dann aber der Schraubenzieher fehlt. Oder die Batterien. Weil unbedingt das Taschengeld nachgezählt werden muss. Weil die Baggersammlung auf der

Fensterbank von der Sonne geblendet wird. Weil, weil, weil...

Ja, das sind die Gründe. Und die sind so unfassbar unschlagbar, dass ich keine Chance habe, dagegen anzureden. Oder anzuräumen. Ich wage es noch nicht einmal, dagegen anzuträumen. Denn Träume sind Schäume. Und das weiß auch Hänschen nur zu gut.

Guck mal, wer da bastelt

Wer behauptet, Jungs würden nicht gerne basteln, der liegt falsch. Meine Jungs lieben es zu basteln.

»Mama, können wir was basteln?«

»Ja klar!«, rufe ich erfreut aus, denn Basteln ist eine ruhige, ungefährliche Tätigkeit. Und ruhige, ungefährliche Tätigkeiten müssen dringend unterstützt werden, gerade in Jungshaushalten.

Also basteln wir. Eigentlich bastele aber nur ich.

»Och Manno, das blöde Dings geht nicht.«

»Lass mal sehen.«

Ich nehme Linus also die Schere aus der Hand, um ihm mit der schwierigen Rundung zu helfen.

»Das geht nis!«, meldet sich jetzt auch Maxi. »Blöder Robobo!«, schreit er und pfeffert seine Schere in die nächste Ecke, den halbausgeschnittenen Papierroboter in die andere. Hallo? Wer hat gesagt, dass Basteln einfach ist?

»Schon gut. Dir helfe ich natürlich auch«, sage ich, hebe Maxis Schere vom Boden auf und mache mich gleich wieder an die Arbeit.

Gebannt sehen die Jungs zu, wie ich mit schnellen, geübten Bewegungen ihre Roboter ausschneide.

Als das fertig ist, frage ich:

»So, und wer möchte jetzt zuerst kleben?«

Kleben ist so eine Sache. Es ist beliebt bei den Jungs, aber nur, wenn es großflächig geschehen darf. Darf es in diesem Fall nicht. Der Roboter hat klitzekleine Füßchen, Ärmchen und Beinchen, die jetzt alle ganz vorsichtig angeklebt werden wollen.

Linus nimmt die Teile genau in Augenschein und entscheidet sich dann dagegen.

»Nee, mach du das ruhig, Mami, du kannst das so gut.«

»Is auch nis.« Maxi schiebt mir auch seinen kleinen Roboter rüber.

Ich, geschmeichelt ob des Lobes meiner Söhne, mache mich also gleich wieder an die Arbeit.

Und so kommt es, dass nicht wir, sondern nur ich es bin, die fleißig zwei wunderhübsche Roboterchen bastelt, während meine Söhne irgendwann unbemerkt aus dem Zimmer verschwinden. Und sich irgendwo in unserer Wohnung einen ganz ruhigen, ungefährlichen Kampf liefern, heulen, sich wieder vertragen, alle Ritter aus ihrem Kistengefängnis befreien, Schlange spielen und ab und zu ihre Köpfe zu mir ins Kinderzimmer reinstecken, um mich zu fragen, wann ich denn nun endlich fertig sei mit ihren Robotern. Denn dass die Roboter nicht fertig gemacht werden, das kommt ja überhaupt nicht in Frage. Es war ja schließlich meine Idee, heute zu basteln.

Das Fantavieh

Ich bin ein fantasievoller Mensch. War ich schon immer. Nur leider ist das nicht immer förderlich. Schon gar nicht, wenn du eine Jungsmama bist. Denn deine Fantasie spielt dir böse Streiche. Deswegen nenne ich meine Vorstellungskraft auch ganz liebevoll das Fantavieh.

Zum Beispiel gestern. Ich bin mit den Jungs auf der Straße unterwegs. Ich zu Fuß, die zwei mit ihren Rädchen. Maxi auf dem Laufrad, Linus fährt Fahrrad. Jedes Mal, wenn wir so aus der Tür treten, denke ich bei mir, dass ich verrückt geworden sein muss. Denn allein das Vorhaben, zu Fuß mit zwei wildgewordenen, unkontrollierbar dahinschlingernden Kleinkindern auf fahrbaren Untersätzen unterwegs zu sein, ohne dass jemand dabei zu Tode kommt, gleicht einem Ding der Unmöglichkeit. Trotzdem passiert es mir immer wieder. Und bis jetzt haben wir alle auf wundersame Weise überlebt.

Wäre da nicht mein Fantavieh. Es meldet sich gleich, nachdem die Haustür hinter uns zuschlägt.

Da. Diese alte Frau da vorne mit ihrem Krückstock. Läuft sie nicht ziemlich raumgreifend auf dem Bürgersteig?

»Stooopp, Linus!«, brülle ich meinem schon kilometerweit entfernten Sohn hinterher. Doch er hört mich nicht durch seine behelmten Ohren. Er schlingert. Bewegt sich unweigerlich in großen Schlangenlinien auf die Oma zu. Und auf ihren Krückstock.

Oh nein, oh nein! Ich kann nicht hinsehen. Schnell verberge ich die Augen hinter meinen Händen. Bitte, bitte lieber Gott, lass es noch einmal gut ausgehen, nur noch dieses eine Mal!

Und dann sehe ich, wie Linus genau auf die Oma zuhält. Er kann nichts dafür, hat sein ungezogenes Rad nicht unter Kontrolle. Er schafft es, in letzter Sekunde den Lenker herumzureißen, und semmelt nicht die Oma selbst, sondern nur ihren Krückstock mit Wucht beiseite. Die Oma schreit auf. Der Stock fliegt in hohem Bogen durch die Luft und landet krachend auf einem am Straßenrand abgestellten roten Porsche, dessen Alarmanlage nun durch den Aufprall des Stockes losheult.

Ich wage einen weiteren Blick durch meine Finger. Mein kleines Mutterherz klopft wie verrückt. Linus ist nichts geschehen. Gott sei Dank.

Er schlingert weiter, den Bürgersteig runter. Und auch die Oma scheint noch auf den Beinen. Ich habe keine Zeit, sie mir genauer anzusehen, denn weiter vorne sehe ich Maxi. Er hat sich, aufgeschreckt durch die von dem aufschlagenden Krückstock ausgelöste Alarmanlage des Porsches, nach hinten zu Linus umgedreht. In voller Fahrt, versteht sich.

Und rast jetzt ungebremst auf einen dicken Mann mit angeleintem Rottweiler zu.

Oh nein, nicht schon wieder, lieber Gott, hilf mir doch! Wieder schicke ich mein Stoßgebet zum Himmel, und wieder kann ich nicht hinsehen.

Natürlich rast Maxi den Rottweiler über den Haufen. Der Hund jault laut auf, sein Herrchen brüllt meinen Sohn an, ob der denn wohl verrückt geworden sei, und dann mich, ob ich blöde Kuh denn nicht besser auf meine Söhne aufpassen könne.

Jetzt rast auch Linus heran, er hat fröhlich zur Seite auf den Porsche schauend nicht bemerkt, dass sich vor ihm auf dem Bürgersteg ein unüberwindliches Bruder-Hund-Leine-Gemenge befindet. Und radelt genau hinein. Der Hund jault erneut auf und beißt dann mit scharfen, klappernden Zähnen um sich. Und erwischt die Oma am Bein, die herangehumpelt war, um ebenfalls auf meine Jungs und auch auf mich einzuschimpfen.

Schließlich sehe ich mich mit zwei fassungslos heulenden, behelmten Jungs auf der Straße stehen, umringt von Notärzten, Polizisten und entrüsteten Porschebesitzern.

Ich kneife die Augen zusammen und halte mir die Ohren zu. Das ist zu viel für mich. Wo soll das hinführen? Was mache ich hier überhaupt?

Und dann zwinge ich mich hinzusehen. Ich kneife mir in den Arm, und da ist sie wieder. Die Oma. Wacker stiefelt sie mit ihrem Krückstock voran. Weiter vorne, gleich neben dem unversehrten roten Porsche, sehe ich

Linus, und noch ein Stück weiter, auf Höhe des angeleinten Rottweilers, ist auch Maxi, der schlingernd einen Bogen um das dicke Hundeherrchen macht.

Jetzt haben die beiden Jungs die nächste Straßenecke erreicht. Unversehrt. Unfallfrei.

»Mama, wo bleibst du denn? Immer bist du so lahm!«, rufen die Jungs mir entgegen.

»Guten Tag«, sagt der dicke Mann mit dem Hund, als er an mir vorbeiläuft. Und dann: »Sie haben da aber zwei sehr nette Jungs.« Mir entgeht nicht sein ironischer Unterton.

»Wenn Sie wüssten«, sage ich und verscheuche schnell das Fantavieh, das sich grinsend an mein Gehirn klammert.

Und dann, als ich meine Jungs schon längst erreicht habe, höre ich auf einmal die Stimme des dicken Hundeherrchens.

»Hasso! Nicht, Hasso! Nein! Bleib sofort stehen! Stopp!«

Ich drehe mich um.

Und sehe Folgendes:

Der Hund hat sich losgerissen. Seine Leine schleift hinter ihm her, während der Köter ungebremst auf die Oma zuhält, die nichtsahnend mit ihrem Krückstock vor ihm herwackelt. Der dicke Mann hastet hinter seinem Tier her, ruft ihn immer wieder zurück, doch er hat keine Chance. Kaum hat der große Hund die Oma erreicht, springt er sie an und reißt sie um. Ihr Krückstock fliegt im hohen Bogen durch die Luft, landet krachend auf dem roten Porsche und löst dessen Alarmanlage aus.

Als dann später Polizei, Notarzt und ein aufgebrachter Porschebesitzer auftauchen, bleibt mir nur, dem am Boden zerstörten, völlig verzweifelten Hundebesitzer auf die Schulter zu klopfen.

»Da haben Sie aber wirklich einen netten Hund. Schönen Tag noch.«

Und dann radeln wir davon, meine Jungs und ich und mein großartiges Fantavieh, hinein in den Tag, auf zu neuen Abenteuern!

Kackakuchen
und andere Köstlichkeiten

Neulich haben wir wieder einmal Kindergeburtstag gefeiert. Bis auf das bekannte Quotenmädchen waren wie immer nur Jungs anwesend.

Nun sollte man meinen, Jungs kommen erst mit ungefähr elf Jahren so langsam in die Pubertät. Und erst dann beginnt der Drang der Jungs, sich über widerliche und für Frauen nicht mal ansatzweise diskutable Dinge zu unterhalten. Doch weit gefehlt.

Was des Mannes in der Umkleidekabine unter Männern geführte Gespräch ist, beginnt schon viel früher, zwar mit jüngerer Besetzung, aber mit nicht weniger erschreckendem Inhalt.

Nämlich dort, wo sich zehn U-6-Jungs zum gemeinsamen, besinnlichen Geburtstagfeiern treffen.

Ich hatte gebacken. Ich war sogar so weit gegangen, eine kleine Kuchenauswahl für die werten Gäste bereitzustellen, natürlich, wie es sich für die perfekte Jungsmama gehört, in Form von wirklich echt aussehenden, perfekten Piratenschiffen.

Und nun war es also so weit, diese Kuchen an die Besatzung zu bringen.

»Lieber Felix, möchtest du lieber Schoko-, Nuss- oder Zitronenkuchen?«, fragte ich.

Prompt kam die Antwort.

»Ich will Kackakuchen!«

»Oh mein Gott!«, würde die Mädchenmama entsetzt aufschreien und gleich loslaufen, um die Mutter des unerzogenen Bengels anzurufen, damit diese ihren missratenen Sohnemann möglichst umgehend von der beschaulichen Geburtstagsfeier der kleinen Lilli abholen möge.

Doch wir befinden uns hier auf einem Jungsgeburtstag. Währenddessen sind irgendwelche Anrufe zwecks verfrühter Abholung der Besatzung keine Option.

Es ist striktes Durchhalten angesagt.

Doch wie reagiert man nun auf eine solche Anfrage?

Wie die Jungs reagiert haben, liegt auf der Hand. Kurze Stille, dann schallendes Gelächter an jeder Seite der Reling bestätigten den Sprecher darin, einen besonders gelungenen Witz platziert zu haben.

Ich hätte so etwas wie:

»Aber Felix! So etwas sagt man doch nicht!«, erwidern können. Doch das hätte nur dazu geführt, dass die gesamte Besatzung aus dem Ruder gelaufen wäre.

Der Begriff »Kackakuchen« wäre nach nur zwei Minuten von unzähligen ähnlichen Schimpfwörtern und Wissensbekundungen in den Schatten gestellt worden.

Was macht also die routinierte Jungsmama?

Ich beugte mich zu Felix hinunter und verkündete,

dass wir gerade keinen Kackakuchen da hätten, ich ihm aber gerne beim nächsten Mal einen solchen backen könne.

Danach war Ruhe.

Jedenfalls so lange, bis Nils auf die Idee kam, Pipi bei meinem Mann zu bestellen. Wurde umgehend geliefert. Und dann ging das »Gespräch unter Männern« so weiter. Da ging es um Popopupse, Pipikacka, Popelbrötchen, Schnodderwasser, Rotzstinker, Ohrenschmalzfladen und Läusefett.

Mein Mann und ich haben in der Zeit in aller Ruhe einen Kaffee getrunken. Die Jungs waren ja gut beschäftigt.

Alles, was rauswill

Jungs wollen immer raus. Nach draußen, an die frische Luft. Es gibt aber auch Dinge in den Jungs, die immer rauswollen. Rausmüssen. Es ist sozusagen ein unstillbares Bedürfnis dieser Dinge, dass sie genau jetzt und genau hier rausmüssen.

Ich spreche von Lüftchen aller Art. Genau genommen sind es zwei Arten von Lüftchen. Solche, die oben rauskommen, und solche, die naturgemäß unten herum entweichen.

Und Jungs brechen in wahre Begeisterungsstürme aus, wenn ihnen selbst, oder auch dem Bruder oder einem Freund, ein solches Malheur geschehen ist.

Pupsen und Rülpsen ist ein echtes Thema bei den Jungs. Und ein No-Go für die Gesellschaft. Insofern passt die Gesellschaft einfach nicht zu den männlichen Bewohnern dieser Erde.

Denn wie geht eine Mutter damit um, wenn Sohnemann gerade während des Essens in einem schicken Restaurant mal ordentlich Luft ablassen muss? Es ist fast egal, ob es oben oder unten herum passiert, immer ist es unangenehm.

Das heißt, mir ist es unangenehm. Denn das Eine ist

laut und ungehörig, und das andere kann laut sein, ist aber auf jeden Fall unerträglich.

Das ist der Grund, warum Jungsmamas immer gut bis sehr gut besuchte Lokalitäten aufsuchen. Denn dort reduziert sich die Wahrscheinlichkeit deutlich, dass der aufkommende Geruch dem eigenen Tisch zuzuordnen ist. Und der ordentliche Rülpser geht vielleicht in dem Stimmengewirr ganz unter.

Nicht aber, wenn, und das machen Jungs so, das Fehlverhalten lautstark von dem anwesenden Bruder oder Freund fleißig bejubelt und beklatscht wird.

Maxi bricht in lautes Gelächter aus, wenn sein Bruder rülpsen muss. Und Linus rülpst verdammt oft. Wo er die ganze Luft herholt, weiß ich nicht. Ich glaube, im Kindergarten trainieren sie, wie man auch ohne die Beteiligung von Kohlensäure beeindruckende Ergebnisse erzielen kann.

Ich erinnere mich daran, dass die Jungs früher in meiner Schule sogar ganze Sätze rülpsen konnten. Oder ihren Namen. Oder meinen Namen.

Ich fand das eklig. Finde es immer noch eklig.

Noch ekliger aber ist die Pupserei. Die Jungs dagegen finden es witzig, wenn ich mich über den Gestank aufrege. Je mehr Wind ich darum mache, desto toller werden sie.

Ich habe schon einen Termin beim Kinderarzt ausgemacht, weil ich einfach nicht glauben kann, dass es normal ist, so oft einen fahren zu lassen. Sicher steckt eine

Allergie dahinter, Laktoseintoleranz oder sonst eine logische Erklärung, die mir hilft, das Problem in den Griff zu bekommen.

Doch der Arzt konnte nichts finden. Alles in Ordnung mit meinen Jungs.

Und so rülpsen und pupsen sie weiter fröhlich vor sich hin. Ich bin gespannt, wann sie das Wort »Mama« in ihr Rülpsvokabular aufnehmen werden. Lange kann es jedenfalls nicht mehr dauern.

Ötzi trifft Christo

Jungs lieben es, Höhlen zu bauen. Eigentlich sollte das evolutionstechnisch gar nicht ihr Ding sein, denn in Zeiten von Ötzi und Co. waren es ja angeblich die Frauen, die die Höhle ausgewählt und in Schuss gehalten haben, während ihre Männer jagen gingen.

Doch die Realität in unserem Wohnzimmer und überhaupt in der gesamten Wohnung beweist das Gegenteil. Es ist sehr wohl ihr Ding. Jungs bauen Höhlen. Immer. Und überall. Sie machen dem Künstler Christo Konkurrenz, würden glatt die gesamte Wohnung unter dicken Decken verstauen, wenn das denn technisch möglich wäre, oder auch gerne das ganze Haus.

Und sie halten die Höhle auch in Schuss. Wohlgemerkt nur die Höhle, nicht das Wohnzimmer.

Da würde Ötzi richtig blass vor Neid, mit Sicherheit war seine Frau nicht so kreativ, wenn es darum ging, die eine, die einzige und vor allem die absolut lichtundurchlässigste Höhle zu bauen, die die Welt je gesehen hat.

Denn das ist das Ziel. Es darf kein Lichtstrahl eindringen, der die Dunkelheit im Inneren der neuen Behausung stört. Da wird gestopft und gerupft, gedeckt und gezerrt, gehoben und geschoben. Bis dann irgendwann alles passt. Bis gefühlt der gesamte Hausstand zu Höhlenbaumaterial verkommen ist. Und tatsächlich eignet sich alles dafür. Auch Papas Rasierer und auch meine Pumps. Oder der Sellerie aus dem Kühlschrank. Der ist nämlich der Proviant.

Auch hier widerlegen die Jungs das Vorurteil, dass die Frauen evolutionsbedingt für die Nahrungslagerung in der Höhle zuständig sind. Auch Dinge, die nicht gejagt werden müssen, wie zum Beispiel besagter Sellerie direkt aus unserem Kühlschrank, wird herangebracht und gut verstaut, um späteren Nahrungsengpässen vorzubeugen.

Kleine Jungs sind nicht nur Jäger, sondern auch die Sammler, Versorger und Höhlenbereiniger von heute. So ist das, mein lieber Ötzi.

Dann aber, wenn es vollbracht ist, wenn also alles lichtdicht und bewohnbar gemacht wurde, wenn es drinnen gemütlich und auch Nahrung vorhanden ist, mit der man es locker an die zwei Wochen in der Höhle aushalten könnte, wenn sogar ein Topf angeschafft wurde, um darin eventuell seine Notdurft verrichten zu können, denn saubere Jungs pinkeln ja nicht einfach in ihre Behausung, dann, ja, dann komme ich ins Spiel.

Mama. Die Höhlenqueen. Die Ötzin von heute. Der Anti-Christo.

Denn dann, wenn alles fertig ist, wird die Höhle nämlich ganz plötzlich völlig uninteressant. Total langweilig. Echt öde.

Weil dann muss die Höhle nämlich wieder beseitigt, aufgeräumt, in ihre Einzelteile zerlegt, hin- und hergetragen, wieder verstaut werden.

Dieser Part, und da würde es Ötzi wahrscheinlich in den Ohren klingeln, bleibt den Damen überlassen. Den Mamas, die ja vorher nicht richtig mitgeholfen haben. Die sich zurückgelehnt haben, während die eigenen Kinder mit Mühe ein neues Heim gezimmert haben, das ja auch für sie gedacht war. Für ihre liebe, aber total faule Mama. Ja, jetzt ist Mama dran. Keine Frage.

Gut für Ötzi, dass er bereits tot ist, sonst würde ich ihn nämlich auf der Stelle umbringen. Doch natürlich räume ich auf, ohne mich zu beschweren. Es hätte ja viel schlimmer kommen können. Denn ich bin ja schließlich nicht Christos Mum geworden. Ötzi sei Dank.

Der Nackedei

Frauen frieren schnell. Auch im Sommer braucht es schon über 30 Grad, damit ich das Sommerkleid aus dem Schrank ziehe.

Nicht so die Männer. Die sind Schwitzer.

Und schon gar nicht meine Jungs. Die Temperatur spielt eigentlich keine Rolle, genauso wenig wie ihre Klamotten. Wenn es nach den Jungs ginge, würden sie immer nackt herumlaufen. Auch draußen. Auch im Winter.

Mädchen sind da anders. Die lieben ihre Kleidung. Niemals würden sie darauf verzichten, das rosa Tüllröckchen auszuführen, selbst dann nicht, wenn ihnen die Klamotte schon vor lauter Schweiß am Körper kleben bleibt. Nein, den Mädchen sind ihre Kleider heilig.

Gut, wenn sie noch ganz klein sind, dann entledigen sich auch die Mädels ständig ihrer Windel. Habe ich schon erlebt. Doch Windeln sind ja auch nicht besonders schick. Ganz anders natürlich die aus dem großzügig von Mädchenmami zusammengestellten Kleiderschrank frei herausgesuchten Klamotten. Die müssen anbleiben. Immer.

Die Jungs aber wollen lieber nackt sein.

Woran liegt das? Ist es männlicher Exhibitionismus? Was wollen sie wem damit beweisen? Und wann bitte erreichen die Kleinen das Alter, in dem ihnen klar wird, dass es keine gute Idee ist, nackt beim Nachbarn zu klingeln und nach Luisa zu fragen, oder sich mitten im Supermarkt die Hose auszuziehen?

Ich hoffe, dass es bald so weit ist. Denn solange die Jungs noch klein sind, stört es niemanden, wenn ein nackter Maxi vor ihm auftaucht.

Doch was ist mit später? Was, wenn ich mit meinem dann 13-jährigen verpickelten Söhnchen durch die Gegend laufe und er sich ohne Vorwarnung einfach das Shirt vom Leibe reißt?

Das Achselshirt in der Öffentlichkeit finde ich schon grenzwertig, aber ganz oben ohne? Geht gar nicht. Gibt es aber. Männer laufen manchmal oben ohne herum. Einfach, weil ihnen zu warm ist. Weil sie gerade vom Joggen kommen. Oder aus der Sauna.

Man stelle sich vor, Frauen würden mitten in der Stadt oben ohne herumlaufen. Das würde zu Auffahrunfällen, ja sogar zu Tumulten führen, wahrscheinlich würden aufgebrachte Rentner die Polizei rufen.

Doch Männer dürfen das. Und wollen das auch.

Haben denn die Mütter dieser Männer es versäumt, ihren Söhnen zu erklären, dass es schöner ist, sich zumindest ein T-Shirt überzuziehen?

Jedenfalls habe ich Angst, den richtigen Zeitpunkt zu verpassen. Also den Zeitpunkt, an dem der eigene Sohn wirklich gar nicht mehr draußen nackig herumlaufen sollte.

Jetzt ist es aber glücklicherweise noch zu früh, sich damit zu stressen. Denn noch schlimmer, als mit einem nackten Jungen im Supermarkt unterwegs zu sein, ist es, mit einem nackten Jungen im Supermarkt unterwegs zu sein, der wie am Spieß brüllt, weil seine Mama unbedingt will, dass er sich sofort, aber sofort wieder anzieht.

Check, check

Vielleicht hängt der Drang zum Nacktsein aber auch damit zusammen, dass das beste Stück des kleinen Kerls nackig besser zu sehen ist.

Auf jeden Fall spielt der Penis eine große Rolle bei den Jungs. Er ist sozusagen sein ständig verfügbarer Gesellschafter. Ein kurzer Griff, check, check – ja, er ist noch dran.

Wie erkläre ich einem Dreijährigen, dass es sich nicht gehört, da unten herumzufummeln?

Ich weiß nicht, wie oft ich schon »Hand aus der Hose!« gebrüllt habe. Es geht so weit, dass ich diesen Ausruf auch mitten auf dem Spielplatz tätige, und zwar so laut, dass sich danach alle Mädchenmamas entsetzt nach mir umdrehen. Ist klar, die denken, ich hab sie nicht mehr alle. Die kennen so was eben nicht.

Die Jungsmamis dagegen freuen sich, weil sich dann auch der eigene Nachwuchs angesprochen fühlt und sofort seine Hand aus der Hose nimmt.

Auch sonst ist der Schniedel von kleinen Jungs gut besucht. Ständig wird daran herumgeschoben und -gezogen, hineingekniffen, gerückt und gedrückt.

Sagt mal, Jungs, tut das nicht weh? Kann da nichts

kaputtgehen? Als Frau stehe ich wirklich ratlos davor und frage mich, ob der kleine Penis das wohl aushält. Vielleicht kann er sogar abreißen? Oh mein Gott. Dieses Szenario schreibe ich gleich auf meiner Liste für mögliche Ohnmachtsgründe ganz oben mit dazu.

Bis heute ist aber noch alles dran.

Check, check.

Und bis heute gab es auch noch keine Penisvergleiche im Kindergarten. Glaube ich zumindest. Ganz sicher sein kann ich da nicht, denn auch beim Austausch von Informationen sind Jungs Minimalisten.

»Wie war's im Kindergarten?«

»Gut.«

»Was macht deine Hand schon wieder in deiner Hose?«

»Nichts.«

»Was gab es zum Mittagessen?«

»Hab ich vergessen.«

Check, check.

Dass Mädchen keinen Pipimann haben, haben die Jungs ziemlich schnell rausgehabt.

Und dass auch ich ein Mädchen bin, ebenfalls.

»Mama, warum hast du keinen Pipimann?«

Wer kennt die Antwort? Na? Weil ich eine Frau bin? Weil Gott Mann und Frau unterschiedlich geschaffen hat? Weil es schöner ist ohne?

Was soll eine Jungsmama darauf antworten?

Meine Antwort: »Weil ich keinen brauche.«

»Warum nicht?«

»Weil ich gerne selbst bestimme.«

Damit hat Maxi sich zufriedengegeben, obwohl er die Antwort sicher nicht verstanden hat. Vielleicht denkt er immer noch darüber nach.

Kleine Jungs können ja nicht wissen, dass ihre Penisse irgendwann das Kommando übernehmen werden und sie dann gar nichts mehr zu sagen haben.

Check, check.

Pinkeln leicht gemacht

Jungs sind praktisch veranlagte Lebewesen. Was mir sehr zugutekommt, wenn wir unterwegs sind.

»Mami, is muss Pipi.«

»Okay, schau mal, da drüben, da ist ein schöner, großer Baum.«

Problem gelöst. Es ist wirklich eine Errungenschaft, wenn die Windeln gefallen sind und die Jungs sich ohne Hilfe ihrer Mami erleichtern können. Und das tun sie. Immer und überall.

Anfangs musste ich die Jungs davon überzeugen, dass es keine gute Idee ist, in die Gärten meiner Freundinnen zu strullern. Oder in unseren Innenhof. Das kommt nicht gut an bei den Nachbarn, gar nicht gut.

Doch nachdem wir diese Hürde erfolgreich genommen haben, bereitet es mir überhaupt keine Kopfschmerzen mehr, wenn die Jungs aus heiterem Himmel verkünden, sie müssten jetzt sofort, und zwar sofort dringend Wasser lassen.

Anders dagegen die Mädelsmamis. Ja, die haben's schwer. Denn die meisten Mädchen verabscheuen es, im Freien zu pinkeln. Könnten ja kleine Käfer in der Unterhose landen, oder noch schlimmer, die kleinen

Helenes dieser Welt ziehen sich gleich eine dicke Blasenentzündung zu. Und wenn das Mädchen sich dann doch dazu durchringen kann, das kleine Geschäft gleich hier vor Ort, also draußen, zu erledigen, muss Mädchenmami ganz schön schuften. Das braucht Geschick.

Mit zwei sind sie noch leicht, doch eine Vierjährige bringt einige Kilos auf die Waage, die statisch einige Zeit in der Luft schwebend gehalten werden müssen, damit nicht auch Hose und Schuhe aller Beteiligten in Mitleidenschaft gezogen werden.

Ja, einen kleinen Sohn müsste man haben, nicht wahr? Ab in den Busch, Hose runter, ordentlich strullern, bisschen schütteln, Hose wieder hoch, fertig.

Doch was sich in der freien Natur als sehr vorteilhaft erweist, wird im Innenraum leider zum Problem. Denn wie erkläre ich meinen Jungs, dass hier andere Regeln gelten? Nichts mit Hose runter, strullern, Hose hoch, fertig.

Nein, da müssen Zwischenschritte unternommen werden. Gemeine, ganz fiese und offenbar sehr lästige Zwischenschritte.

Hier drinnen, also auf unserer Toilette in unserem Badezimmer, lautet der Wahlspruch: Hose runter, und jetzt kommt Zwischenschritt Nummer eins: hinsetzen.

Dann erst strullern, schütteln, aufstehen, Hose wieder rauf.

Die Jungs gehen an dieser Stelle des Vorgangs davon

aus, dass mit »Hose wieder rauf« alles erledigt ist. Ist es jedoch nicht.

Es fehlen noch Zwischenschritte Nummer zwei und drei: Deckel runter und, ganz wichtig, spülen.

Und wenn das alles erledigt ist, dann müssen meine Jungs sich auch noch die Hände waschen. Wie lästig ist das denn!

Warum um alles in der Welt fühle ich mich wie ein fieser Quälgeist?

Es ist wirklich so. Ich habe deswegen ein schlechtes Gewissen. Weil die Jungs so leiden. Sie jammern und seufzen und schimpfen und fluchen. Weil sie nicht verstehen, dass es durchaus einen Unterschied zwischen drinnen und draußen gibt. Es will einfach nicht rein in ihre kleinen Köpfe. Sie können nichts dafür, sie sind eben vollkommen überfordert von diesen Vorgaben. Mein Anspruch an sie ist einfach zu hoch.

Und was nun? Wie gehe ich mit dieser Einsicht um?

Die Lösung hat sieben Buchstaben. Sie lautet: Pissoir.

Ja, so ein Pissoir hat gleich zwei Vorteile.

Erstens: Die Jungs und auch mein Mann können drinnen so pinkeln wie draußen. Im Stehen. Ohne Spülen. Denn das Ding spült automatisch. Die Hersteller solcher Geräte kennen eben ihre Pappenheimer. Kein Gejaule und Gemaule mehr.

Und zweitens: Die normale Toilette gehört jedenfalls pipimäßig mir allein. Da können mir die Zwischenschritte doch glatt gestohlen bleiben.

Frisuren machen Leute

Jungs sind Jungs. Die haben kurze Haare. Sollte man meinen. Heute ist das nicht mehr so. Heute sind alle modern, und modern ist, wer seinen Jungs lange Haare wachsen lässt.

Kurzhaarschnitt war wohl gestern, denke ich, dann sind wir wohl auch von gestern.

Unsere Jungs tragen einen klassischen Kurzhaarschnitt. So, dass noch Haare da sind, an denen sie sich ziehen können, also kein Pony für Arme, sondern ganz klassisch eben. Gut, manchmal wachsen sie dann ein bisschen zu, aber sobald die Haare über die Ohren klettern, kommt die Matte ab.

Ganz anders der Sohn einer Freundin. Levi. Levi ist modern, genau wie seine Mutti und sein Name. Wenn ich es mir genau überlege, haben beide den gleichen Haarschnitt, nur, dass Levi als Junge keinen Zopf daraus machen darf.

»Hach, bin ich froh, dass die wieder nachgewachsen sind, waren viel zu kurz das letzte Mal«, beklagt sich meine Freundin über Levis letzten Friseurbesuch.

»Stimmt«, sage ich, meine es aber nicht so, und bemitleide im Stillen den kleinen Levi, der von dem dauernden Haare-aus-dem-Gesicht-Schleudern doch eine ernsthafte Macke bekommen muss.

Bei Jungs ist die Frisur ein eindeutiger Indikator für ihre Herkunft. Modern-stylish, so wie Levi eben, oder klassisch-sportlich, so wie meine Jungs. Kevin trägt eben die typische Kevin-Frisur, und Dennis kann froh sein, wenn er keinen Sonnenbrand auf dem Kopf bekommt. Jedem das Seine.

Bei Mädchen ist das schon schwieriger. Alle haben lange Haare und tragen Zopf. Das heißt, wenn so ein süßes, kleines, blondes Mädel auf dem Spielplatz daherkommt, kann man auf keinen Fall wissen, wie deren Eltern so drauf sind.

Ein: »Chantal, wir gehen« der zugehörigen Mädchenmami ist da schon aufschlussreicher.

Bei Mädchen läuft auch der Friseurbesuch bereits in ganz jungen Jahren völlig anders ab als bei den Jungs. Jungs gehen zum Haareschneiden, Mädchen machen Wellness.

»Wann sind wir fertig?«, fragen die Jungs.

»Wann bin ich dran?«, fragt meine Nichte.

Während die Jungs auf dem Stuhl damit beschäftigt sind, die kleinen, fiesen Härchen wieder aus ihrem Mund herauszubekommen, strahlt meine Nichte fortwährend ihr Spiegelbild an und bewundert ihre lange Haarpracht.

Vielleicht ist diese Entwicklung auch der Grund dafür, dass ich beim Friseur den dreifachen Herrenpreis für einen Haarschnitt zahle. Genuss kostet eben, das wird auch meine Nichte noch früh genug erfahren.

Das Schwiegermonster

Es gibt ein Thema, dass mich sehr umtreibt. Wie wird es sein, wenn meine Söhne eine Frau mit nach Hause bringen? Also ich meine nicht eine der wahrscheinlich unzähligen Freundinnen, die in jungen Jahren kommen und gehen werden. Nein, die meine ich nicht.

Obwohl ich mir auch darüber Gedanken machen muss. Denn was, wenn einer meiner Söhne Liebeskummer hat? Weil irgend so eine Tussi meint, auf seinen Gefühlen herumtrampeln zu dürfen?

Ich sehe meinen kleinen Linus an, wie er friedlich in seinem Bettchen liegt und schläft. Niemals werde ich zulassen, dass so eine ihm wehtut. Niemals. Und so balle ich jetzt schon meine Fäuste und schärfe meine Krallen. Die wird mich kennenlernen! Nicht mit meinem Sohn!

Aber so weit ist es ja noch gar nicht. Trotzdem sollte ich mir meiner Rolle bewusst sein. Üben für den Ernstfall. Statistisch gesehen heiratet ein deutscher Mann mit 33 Jahren. Bis dahin bleiben mir 29 Jahre. Reicht das aus, um klarzukommen?

Wie werden meine Söhne es handhaben? Und wen werden sie vorm Altar im Arm halten? Das ist alles

Zukunftsmusik, versuche ich mich zu beruhigen, doch ich habe Angst davor. Angst, zu so einem schrecklichen Schwiegermonster zu mutieren. 30 Prozent aller Frauen haben angeblich Probleme mit ihrer Schwiegermutter. Zwölf Prozent aller Ehen gehen sogar an diesem Umstand zugrunde. Das ist eine scheußlich große Zahl, wie ich finde. So viele scheußliche Schwiegermütter. Aber warum hat die Schwiegermutter solch einen schlechten Ruf? Es gibt ja sogar einen Kaktus, den Goldkugelkaktus, der umgangssprachlich gerne als »Schwiegermuttersitz« bezeichnet wird. So einen Kaktus willst du sicher nicht geschenkt haben.

Was machen die Jungsmamas von gestern bloß heute so falsch? Warum gehen sie so schlecht mit der Auserwählten um? Ist es Eifersucht? Oder Nicht-loslassen-Können?

Wieder habe ich Google gefragt. Und herausgefunden, dass Schwiegermütter gar nichts für ihr schlechtes Verhalten können. Denn sie wollen – genetisch gesehen – natürlich, dass der eigene Sohn mit möglichst vielen Frauen Kinder bekommt, um die eigene Erbmasse vielschichtig zu verteilen.

Wie kann Google bloß behaupten, dass gerade Frauen so denken? Wieso sollte es von Interesse für eine Frau sein, dass ihr Sohn später ständig die Partnerin wechselt? Das macht nicht nur auf Dauer die Damenwelt, sondern auch ihn selbst sehr unglücklich. Nein, dafür würde ich meinem Sohn sogar die Hammelbeine langziehen. Die Gene machen eine Schwiegermutter also schon mal nicht zum Monster.

Vielleicht ist es aber eine zu enge Bindung zwischen Mutter und Sohn? Nein. Glaube ich nicht. Meine Bindung zu einer Tochter wäre sicher ähnlich eng wie die zu meinen Söhnen.

Es gibt keine plausible Erklärung. Und damit auch keine Lösung für das Problem.

Also nehme ich mir einfach jetzt, hier und heute ganz fest vor, eine liebe, nette Schwiegermutter zu werden.

Vorausgesetzt natürlich, die Auserwählte passt mir in den Kram. Aufgeweckt muss sie sein, hübsch, aber nicht zu hübsch, freundlich, höflich, lieb, kinderlieb, tierlieb, clever, aus gutem Hause, gebildet, belesen. Also ganz normal halt.

Hm. Können die Jungs ja auch gleich mich heiraten. Nein, war nur Spaß – ein Hoch auf die Schwiegermutter!

Die Söhnchenmutter

Ich bin froh, dass ich keine Italienerin bin. Denn in Italien ziehen die Söhne durchschnittlich erst mit 30,9 Jahren aus ihrem Elternhaus aus. Mit 30,9 Jahren, also eigentlich mit 31.

Halloo? Was ist los mit den italienischen Männern? Haben die nichts Besseres zu tun, als in ihrem Kinderzimmer Däumchen zu drehen? Verwüstet doch bitte eure eigenen Wohnungen, verdient euer eigenes Geld und kocht eure Mahlzeiten selbst. Nein, italienische Mami von einem typisch italienischen Muttersöhnchen will ich nicht sein.

Und in Deutschland? Ich bin richtig zusammengezuckt, als ich nachgelesen habe, denn es sieht hierzulande wirklich nicht viel besser aus. Deutsche Männer ziehen durchschnittlich mit 25,1 Jahren zu Hause aus. Das sind in meinem Fall dann noch stolze 23 Jahre, bis ich zur Strohmama werde.

Habe es gelesen, es verdaut, und dann beschlossen: Das geht auf keinen Fall. Meine Jungs werden ausziehen, sobald sie die Schule beendet haben. Also spätestens mit 19. Aus die Maus. Nichts mit Hotel Mama. Wo kämen wir denn da hin? Als hätte ich nichts Besseres zu tun, gleich drei erwachsenen Männern hinterherzuwaschen. Nee, nee. Das kommt gar nicht in die Tüte.

Die Jungs müssen selbständig werden. Sie müssen lernen, wie man auch ohne Mami zurechtkommt. Wie man einkauft, putzt, wäscht, bügelt, pieselt, Geld verdient.

Ja, das alles müssen sie können, bis sie dann mit 19 ausziehen. So ist mein Plan.

Und was mache ich danach? Wie wird es sein, ohne die Jungs? Werde ich traurig neben dem Telefon hocken, in der Hoffnung, dass sie irgendwann mal anrufen? Oder laufe ich im Job zur Höchstform auf? Sodass ich gar keine Zeit mehr habe, darüber nachzudenken, wie leer mein Leben ohne die beiden ist?

Keine Ahnung, wie es sein wird. Auf jeden Fall geht der Spaß ein wenig flöten. Denn kleine Jungs sind absolute Ulknudeln. Sie halten dich auf Trab, geben deinem Leben einen Sinn und bringen dich zum Lachen. Ja, das wird mir sehr fehlen. Auf der anderen Seite ist es wichtig, ihnen Flügel zu verleihen. Sie müssen raus in die Welt, etwas erleben, sich austoben.

Auch wenn mein Großer mir gerade gestern noch verkündet hat, dass er nie, nie, nie ausziehen wird, sondern immer bei uns bleiben will. Mir hätte es das Herz gebrochen, ihm zu sagen, dass das leider nicht geht. Dass mein Plan anders aussieht. Also habe ich ihm gesagt, dass er natürlich gerne für immer hier wohnen kann. Beziehungsweise in unserem neuen Haus in Italien, das wir uns dringend bald zulegen müssen. Hauptsache, mein Sohn ist glücklich. Irgendwie bin ich wohl doch eine ziemliche Söhnchenmutter.

Gute Aussichten

Ich finde, ein Mädchen kann nichts entstellen. Selbst, wenn sie nicht aussehen wie das nächste Supermodel, sind sie doch in jedem Alter irgendwie apart.

Anders die Jungs.

Mir graut jetzt schon vor diesem wirklich fiesen Bärtchen, das irgendwann ungefragt die zarte Kinderhaut durchbricht, wenn nicht schon Unmengen hässlicher roter Pickel den vor ganz kurzer Zeit noch sooo niedlichen Rabauken entstellt haben.

Und mir graut vor dem Stimmbruch der tolpatschigen Lulatsche, die null Bock auf gar nichts haben, sondern dauernd nur zocken wollen.

Ich sehe mich schon Clearasil in rauen Mengen einkaufen und alte Bravo-Zeitschriften unter den Matratzen meiner Jungs hervorziehen.

Hätte mich jemand eingehend darauf aufmerksam gemacht, dass aus den kleinen süßen Babys mit ziemlicher Sicherheit mal nervige hässliche Teenager werden, dann hätte ich mir das Ganze vielleicht noch einmal überlegt. Aber jetzt ist es zu spät. Und ich habe ja noch genügend Zeit, mich darauf vorzubereiten.

Vorbereitung ist soundso die halbe Miete. Vielleicht

mache ich mir eine Vorbereitungsliste. Damit ich nichts vergesse.

Es gibt sicher Gebrauchsanweisungen für Teeniemamis. Und speziell für Jungsteeniemamis. Wobei, ich glaube die Ratgeber für Mädchenteeniemamis werden umfangreicher sein. Endlich.

Und überhaupt ist es einfach toll mit Jungs.

Weil sie die Fantasie anregen.

Weil es nie langweilig ist. Und nie zu leise.

Weil Blödsinn machen erlaubt ist. Und Blödsinn reden.

Weil du dich mit Dingen auskennst, von denen du vorher keine Ahnung hattest.

Weil du dich immer bewegst und nie mehr ein Fitnessstudio brauchst.

Weil Räuber dir nichts anhaben können.

Weil Chaos auch kreativ sein kann.

Weil die Klamottenfrage nicht existiert.

Weil du im Strandurlaub auch mal ein Buch lesen kannst.

Weil du nie allein bist. Oder traurig. Weil dafür einfach keine Zeit bleibt.

Weil draußen Pinkeln ein Kinderspiel ist.

Weil Pflaster unnötig sind.

Weil Jungs so lustig sind. Und alle zum Lachen bringen.

Weil du nicht die einzige Jungsmama auf dieser Erde bist. Und du dadurch so viele Verbündete hast.

Und wenn ich dann irgendwann als alte, runzelige

Omi mit meinem Rollator durch die Gegend schiebe, begleitet von meinen beiden feschen Privatbodyguards, dann, ja spätestens dann weiß ich, dass es nichts Besseres gibt, als eine coole Jungsmama zu sein.

Um die ganze Welt des
GOLDMANN Verlages
kennenzulernen, besuchen Sie uns doch
im Internet unter:

www.goldmann-verlag.de

Dort können Sie
nach weiteren interessanten Büchern *stöbern*,
Näheres über unsere *Autoren* erfahren,
in *Leseproben* blättern, alle *Termine* zu Lesungen und
Events finden und den *Newsletter* mit interessanten
Neuigkeiten, Gewinnspielen etc. abonnieren.

Ein *Gesamtverzeichnis* aller Goldmann Bücher fin
Sie dort ebenfalls.

Sehen Sie sich auch unsere *Videos* auf YouTube an und
werden Sie ein *Facebook*-Fan des Goldmann Verlags!

www.goldmann-verlag.de
www.facebook.com/goldmannverlag